AI時代に挑む日本の起業教育

渡邊 忠彦
Tadahiko Watanabe

文芸社

始めに

自己責任で生きる時代

日頃、私たちは意識しないで暮らしていますが、技術革新にともなう激しい社会変化のただ中で、翻弄されて生きているといえるでしょう。知識社会と言われ、国際化や情報化が一段と進む社会は、科学技術の進歩とともにますます便利になってきています。それは大きな夢が育ち、希望が膨らむ社会なのかもしれません。しかしもう一方では、技術の進歩にともない新たな競争にさらされるという側面もあります。時代の変化についていけなくなった者の中から落伍者が現れて生活格差が広がる、地域社会も衰退するなどのリスクの拡大が懸念される社会のことでもあるのです。

そして現在、第四次産業革命と呼ばれるように、テクノロジーの進化によるＩｏＴやＡＩ（人工知能）やロボット工学等の発達は、現在ある仕事のかなりの部分を間もなく消滅させるだろう、と予測される局面を迎えています。私たち一人ひとりの仕事の環境が変わるにつれて、やがて転職を余儀なくされる事態が現実味を帯びてきたようです。そして近未来が、見通しのきかない大変革の時代であるとするなら、私たち一人ひとりも今後の人生に降りかかるリスクを回避して、新しいチャンスを生かしていく必要があります。そのためにも、自らの人生の自己経営能力を高めていく生き方を、早急に身に付けていかなければなりません。

とにかく、私たちが暮らしていくこれからの社会は、希望と同時に乗り越えるべき課題が次々に生起して迫ってくる先の読めない社会、見通しのきかない社会であることを忘れてはならないでしょう。

学校教育は対応できるのか

さて、昭和六十年の臨時教育審議会以来の教育改革を振り返ってみると、次々と立ち現れてきた各答申の中身はさまざまな修辞で飾られてきました。いずれの答申にも、その根底には「これからの世界は、先の読めない変化の激しい時代になってくる。やがては自己責任で、自助努力で生きるしかない社会になるだろう」という時代認識があるようです。

そのため、学校教育の理念である「生きる力」の育成についても、「できるだけ国を当てにしないで、個々人に降りかかる問題は自己責任で課題解決して生きていけるようになるべきだ」と暗黙のうちに語っているようにも聞こえてきます。さらに生涯学習社会の理念も、学校教育等のフォーマルな教育のみに頼ることはできない時代が来たので、これからはインフォーマルな学習を活用して生きていく自己教育力、あるいは自己学習を頼りに、自己責任で生きていくことを求めているのでしょう。

そして現在、文部科学省は現行の学習指導要領の中で、これから必要となる新しい学力として、基礎基本となる学力や学習意欲とともに、課題解決能力の育成を挙げています。また、平成十八年に改正された教育基本法では、教育の目的に創造性の育成を掲げており、教育振興基本計画等の中でも、「自立、協働、創造」を生涯学習社会の理念としています。これから一人ひとりの人生を切り拓いていくためには、付加能力を身に付けるべきであるということでしょう。特に課題解決能力や創造性の育成は欠かせなくなってきており、これまで国が掲げてきた創造立国日本の国づくりのためにも必要な力であるというわけです。もちろん、十分に納得できる話であります。

しかし、国が求める方向性が正しいとしても、教育の現場等でそれらの力を実際に育成できなければ、役に立たない話になってしまいます。例えば、課題解決能力を育成するレッスンとなるはずであった総合的な学習はうまくいかず、すでに時数が削減されてしまいました。これからはアクティブラーニングに期待をしているようですが、本当にそれだけで大丈夫でしょうか。さらに肝心の創造性の育成となると、具体的な教育プログラムそのものが見当たりません。これでは教育の将来ビジョンは描けたとしても、公教育の現場では実際に対応できない、準備すらもできていないことになります。残念ながら、教育の現場である学校等では、現在も、何も変わらない状況が依然として続いているといえるのです。

とにかく、今後の情報経済の時代に生きていくということは、学校教育の内に留まらない個人の学ぶ能力や才覚がますますものをいう社会を生きることでもありますから、さらに一人ひとりの能力を引き出す具体的な、実行性のある大胆な改革を進めていく必要があるでしょう。

起業教育の導入を

そこで変革期にふさわしい教育として、起業教育の導入を改めて提案したいと思います。起業教育とは起業家育成のための学びではなく、それ以前に、国民の起業家的精神の涵養を図る目的で開発が進められてきた教育です。起業教育を通して自立心が高まり、学習意欲が大きく育つこと。さらに、課題解決能力とともに創造性の育成にも役立つことが確かめられてきた教育のことです。

現在、起業教育は開発途上の教育であり、事例はまだまだそう多くはありませんが、実践してみると、未来創造型の教育として可能性の大きい教育であることが分かります。自立心や創造性の育成に役立つだけでなく、参加する子どもたちの好奇心が大きく広がり、思考力そのものが解放される学習となるのです。まさにインフォーマルな学習に目覚めさせる契機になるなど、これからのＡＩの時代に、生涯学習社会に、必要な「学び方」を学ぶ教育としても適しているといえるでしょう。

さらに付け加えるなら、起業教育は地域社会と協働で学びを展開することができますから、子どもたちの社会関係資本となる力を養うとともに、地域住民による地域づくりや地域の活性化にも役立つのです。

現在、日本経済はいくら金融緩和をしてもデフレから脱却できず、相変わらず個人の需要不足で経済成長できない閉塞した状況にあるようですが、この辺で教育界も、思い切りよく起業教育等を導入して、子どもたちの自立心を促し創造性を解放してみたらどうでしょうか。魅力あるアイディアや発見やサービスが次々と生まれてくるような、新たな社会基盤の創造に結び付く教育の可能性を考えてほしいと思います。

現在の起業教育

これまでの起業教育を簡単に紹介しておきましょう。

平成十三年に仙台市立柳生《やなぎゅう》小学校が取り組んだのが、日本最初の起業教育と考えられています。後に東北モデルと呼ばれて全国各地の小・中・高校へと広がっていきましたが、残念ながらその流れは長続きしませんでした。現在では、名前が知られているほどには理解が進んでいない状況となっています。途中から失速した原因として考えられるのは、その後からキャリア教育の導入が義務付けられたこと。また、学力向上の問題が表面化すると、総合的な学習そのものへの関心が薄れていったことが挙げられると思います。さらに付け加えると、ティーチング意識の根強い先生方の変わらぬ体質も障害になりました。いまだに多くの先生方は、起業精神や創造性の必要性だけでなく、総合的な学習の意義すら必要と感じていないようです。また、起業教育という取り組み自体が時代に先んじていたために、導入が難しかったことも挙げられるかもしれません。

しかし近年、平成二十四年以降になると、地域創生の声に押されるかのように、未来創造型の教育として起業教育を再び見直して実践したいという動きが、各地で見られるようになってきました。そして経済産業省は平成二十七年度予算案の中に、再び「起業家教育事業」を盛り込み、起業家教育の全国的な普及を目指す方向になってきています。さらに平成二十八年度には文部科学省も、起業教育の実践に予算をつけるようになってきました。

ところで、東日本大震災以後、ＯＥＣＤ（経済協力開発機構）と文部科学省との連携により、岩手、宮城、福島の被災地三県の高校生を対象にした実験的な授業、「とうほくスクール」が三年越しで行われました。そして、ＯＥＣＤ本部のあるパリで、参加した高校生たちによる被災地東北の復興を報告するイベントも行われて、大きな反響を呼びました。

その取り組みをＯＥＣＤと文部科学省は、国際的なモデルとなる先端のプロジェクト型教育と位置付けて継承・発展させようとしています。私もアドバイザリーボードの一員としてその授業を見て痛感したのは、そのチャレンジスタイルのプロジェクト学習は、名称こそ違っていても、起業教育が開発してきたプロジェクト型起業教育の手法そのものであったということです。間違いなく起業教育は、未来創造型の学びであるといえるでしょう。

ＡＩの時代、ロボットの時代と言われるようになりましたが、テクノロジーが加速度的に進化するにともない、今や一人ひとりの高度な情報処理能力と創造性が求められる社会になってきました。

改めて、新しい時代にふさわしい起業教育の導入を考えてほしいと思います。

新しい時代の起業教育にエールを

平成十三年当時、仙台市立柳生小学校の校長職にあった私は、日本で最初となる起業教育の開発にあたり、退職後も公益社団法人発明協会や東北経済産業局等の協力を得て、その普及に携わってきました。そして近年、起業教育に対する関心が再び高まるにつれて、私にもさまざまな問い合わせが寄せられるようになっています。いまだに、起業家教育と起業教育の違い、起業教育とキャリア教育の違いも分からないこと。さらに起業教育の全体像を知るためのまとまった資料がないとのことです。確かに現在、事例紹介程度の資料しかないようです。

そこで本書は、問い合わせに応えると同時に、起業教育を続けておられる先生方と子どもたちへのエールを送る想いで、これからの起業教育の可能性を探る立場で書き下ろしたものです。

第一部は、同じアントレプレナーシップ教育から生まれた起業教育と起業家教育の違いについて整理しました。第二部は、起業教育が生まれた時代背景に触れながら、最初の実践事例はどのようにして生まれたのかについて紹介します。そして第三部は、成果となる起業教育のモデルを書いてみました。第四部は、未来編として、導入が難しい学校教育の問題点について考えながら、これからの起業教育の可能性についての展望を。さらに第五部では、起業教育から見えてきた世界観、生み出してきた起業教育の哲学についても書いています。

なお、起業家教育と起業教育の違いを整理し、さらに生涯学習の視点で起業教育を紹介するのは、本書が初めてのことではないかと思います。

起業教育は、これまで学校教育が伝えられなかった、いかにすれば一人ひとりの能力を引き出すことができるかを教えてくれる大切な学びであり、学びの原点そのものを思い出させてくれる魅力的な教育です。

これからも日本の将来を保証する力が教育にあるとするなら、教育関係者だけでなく、できるだけ多くの方々に読んでもらい、ＡＩの時代に起業教育が必要かどうかを自らの事項として話題にしてもらいたいと思っています。また、教育の果たす全人的な役割に関心のある方や、若い人にも読んでもらえることを願っています。

平成二十九年　七月

渡邊　忠彦

目次

第一部　創造性を解放する起業教育

第一章　創造性の時代

一　創造性が求められる時代

現在、知識基盤の社会、情報・国際競合の時代と言われるように、かつてない変化の激しい時代を迎えています。そのため、今後私たちの生活はどのような方向に進んでいくのか、どのような変化が待っているのかを見通していくことがますます難しくなってきました。

そして近年、文部科学省は変化の時代をたくましく生き抜くのに必要な力として「生きる力」の育成を理念に掲げて教育改革を進めてきたといえるでしょう。さらに平成十八年になると教育基本法が改正されました。その前文において「我々日本国民は、たゆまぬ努力によって築いてきた民主的で文化的な国家を更に発展させるとともに、世界の平和と人類の福祉の向上に貢献することを願うものである。我々は、この理想を実現するため、個人の尊厳を重んじ、真理と正義を希求し、公共の精神を尊び、豊かな人間性と創造性を備えた人間の育成を期するとともに、伝統を継承し、新しい文化の創造を目指す教育を推進する」と、創造性の育成を図る教育の必要を強調しています。

また平成二十五年には、教育基本法を具現化するために、教育振興基本計画の第二次答申が閣議決定されました。この中でも、これからの生涯学習社会の基本方向として「自立、創造、協働」を、中心となる理念として掲げています。また以前から経済産業省は創造立国を掲げてきましたが、日本の将来にとって必要な創造性の育成は、学校教育、生涯学習、さらに産業界との垣根を越えて、オール日本で取り組まなければならない重要課題であるということなのでしょう。

もちろん、創造立国を掲げている国は日本だけではなく、今では先進諸国いずれもが創造性教育の必要をうたうようになってきました。しかし、各国から創造性育成教育の成果がなかなか伝わってこないところからすると、どの国も苦労しているように見えます。

とはいえ、平成二十四年に日本で講演したバーバラ・イッシンガー　ＯＥＣＤ教育局局長の「二一世紀に求められる人材育成と教育」の報告の中でも、これから必要になる力として、イノベーション創造に必要な個人の思考力と創造性の育成を挙げていました。

二　創造性の育成が苦手な学校教育

国際競合のグローバル経済が進む世界の中で、日本がこれからも先進国として生き続けるためには、常にイノベーションを追求して、新しい価値を生み出すことによってしか生き残ることができないとするなら、日本の教育の進むべき方向性として「自立、創造、協働」を掲げて、国民一人ひとりの創造性の育成を図らなければならないのは当然のことでしょう。

ただし総論として、創造性の育成は理解できる話ではありますが、また同時に疑問が湧いてくるのも確かです。はたして日本の教育の中で、創造性を育成することは本当に可能なのだろうかという疑問です。私自身、学校教育の現場で長年過ごしてきた経験からすると、創造性という言葉は学校の中で、憧れを込めて頻繁に使われてはきました。しかし学校教育の中で、創造性の育成を正面に掲げて真面目に取り組んできた経験はなかったように思います。

いかなる高邁な理想であっても、具体的な取り組みに結び付かなければ言葉だけに終わりかねませんから、はたして現在の日本の教育システムの中で、しかも学校教育の環境の中で、創造性の育成を図ることは本当に可能なのだろうかと考え込んでしまいます。

ところで、日本の教育を理念としてではなく、学校教育が果たしてきた役割から簡単に振り返ってみると、以下のようになるでしょう。明治以来の日本の教育は、欧米先進諸国をモデルに、近代化を図る原動力として人材の育成にあたり、世界に誇るような大きな成果を上げてきた歴史と伝統を持っています。そして現在に至るも、学校教育の基本的な性格は、欧米追従型の教育スタイルであるのは変わってはいないといえるでしょう。

二〇〇〇年に、ＯＥＣＤにより行われたＰＩＳＡ型の学習到達度調査の結果で、日本の学力低下の問題が一時的に指摘されたことがありました。しかしその後の三年ごとに行われる調査結果では、日本が毎回のように順位を上げてきてトップクラスにいるように、数値化された目標に突き進む学校教育の伝統は、今でも変わらずに生き続けていると思います。

しかし、誇らしい話はそこまででしょう。学校ではもうすでに総合的な学習の導入につまずいて、時数が三分の一削減されています。教科書がなく数値化やマニュアル化のきかない領域の教育、答えがいくつもあるような分野の教育、個人の思考力や創造性を育てる教育となると、本当に苦手としていて、途端に自信がなくなってしまうようです。主に論理や知識を扱う左脳系の教育は得意でも、直感や総合力を扱う右脳系の教育は苦手なように見えます。

考えてみれば、教師たちにとって学校教育とは分かりやすく教え込むことであり、望ましい人材として育て上げることでありました。そして、教育の最終目的を進路指導と考えてきましたから、子どもたち一人ひとりの思考力を育てる授業とか、個性を引き出す教育などは、主要な分野ではなかったのです。ましてや抽象的な自立心や創造性の育成となると、指導する目標や具体的な手立ても浮かばず、お手上げに近い状態にある教師が多いのは間違いないでしょう。また、世間やマスコミが学校に寄せる期待や関心は、進学率や就職率が中心ですから、先生方も創造性の育成という漠然とした話には端から関心が湧かないのかもしれません。

考えさせられる調査結果があります。学校はなぜ創造性を育てられないのかを調べた、齋藤浩氏の「学校教育が創造力の育成を軽視する要因」という調査報告（佛教大学教育学部学会紀要）によると、「教育の現場では子どもたちが創造力を身に付けることの重要性が認識されていない。学習指導要領でも学校教育目標でも重点化されていない。保護者も同じようにその大切さを理解していない。そして、なによりも指導に当たる教師自身が創造的でない」などを要因として挙げています。教育の現場では、言葉が躍るほど創造性の育成には関心がないといえそうです。

ただし、創造性育成が苦手なのは日本だけでなく、欧米も変わりないようで、イギリスの思想家ケン・ロビンソンのＴＥＤの講演「学校教育は創造性を殺してしまっている」の中で、現在の学校教育の中では創造性は育てられない、むしろ学校教育が子どもたちの創造性を殺す場になっていると断じています。そして、型にはまった工業生産方式の学校教育から抜け出すことを提唱しています。私はそこまで日本の公教育と教師の力を突き放すつもりはありません。しかし私の経験からしても、いくら必要性を煽っても、現在の学校教育の延長上で自立や創造性を育てるのは難しく、教師や教育界の意識改革、あるいは教育観のパラダイム的な意識転換なしには進まない問題であることは、日本でも同じだろうと思います。課題解決能力の育成、主体性の育成、思考力の育成等々の言葉が躍りますが、教育界は点数中心主義の学力観にすぐに戻ってしまいます。基本的な教育観がほとんど変わらないのが問題なのです。

三　創造性は誰のものか

もう一つ、創造性を育成する上で障害になっていることがあります。それは学校だけでなく社会全体が、創造性とは才能に恵まれた特別な人に宿る特別な能力である、天分に属する能力であると思い込んできたことです。そのため創造性の育成についての話となると、普通の子どもではなく、何か特別な才能を持つ子どもの話となりがちです。多くの学識経験者も同様に考えているようで、偏差値の高い子どもを集めて、特別なメニューで育てれば、きっと創造性豊かなスーパーエリートが養成できるのではないかといった類の話をよくしています。しかし実際に学校現場にいて感じるのは、受験エリートに近い子どもには、個性豊かな面白い創造的な子どもが意外にも少ないという事実です。とにかく外野からも、やれノーベル賞獲得のできる人材やグローバルに活躍できる人材、リーダーとなる人材をどのように育成するかといった類の話ばかりが聞こえてきますから、なおのこと創造性を特別な能力であり天分であると考えたがるのでしょう。

明治以来の日本の教育の成功モデルでは、各分野に優秀な指導者層がエリートとして形成されて、国づくりがなされたと描かれることが普通です。しかし、それは歴史の半分しか伝えていないといえるでしょう。忘れてならないのは、普段から自己アピールもせず、評価もされないできた多数の庶民の潜在能力が高かったことです。近代教育が始まる以前の幕末、日本はすでに世界最先端の識字率と出版文化を誇り、庶民が読み書きを楽しむ大衆文化を有する国でもありました。当時から、各階層にわたって読書を愛していたのです。さらに美しさや正確さを追求する感性が普通にあり、精緻に仕上げる高度な職人技を伝えてきた国でもありました。そして現在、世界に広がるクールジャパンの文化の中でも大衆の創造性が脈々と受け継がれ、発揮されています。

日本の創造性は、あくまでも特別な人の能力だけではないことを、日本の大衆文化の歴史が教えているといえます。改めて日本人の高い潜在能力を大切な資源として見直して引き出し、育てることを考えてほしいと思います。

創造性は誰もが持つ能力ではなく、才能あふれた優れた人が持つ能力と考えられてきた背景には、これまでエリート主導で国づくりを進めてきた開発途上国型の日本の教育観が、今も変わらず続いているという現実があるからなのでしょう。とにかく、これまでは大多数の子どもの創造性の育成については期待されてこなかったように思われます。

四　創造立国に必要な起業教育

しかし時代は変わりました。これから問題になるのは、成熟した社会に欠かせなくなってきた創造性をいかに育成するかの問題です。今や、ＡＩの時代、本格的な生涯学習の時代を迎えて、子どもだけでなく、すべての年齢層に及ぶ創造性の育成をいかに図るかが大きな問題になってきたといえます。課題が多いともいえますが、これからは誰もが乗り越えていかなければならない問題なのです。

創造性の育成を言葉だけの理想にしないためにも、従来の知育偏重教育や学歴偏重の体質から脱して、成熟した社会にふさわしい個人の能力を開発して強化していく教育への転換を図り、自立心に富んだ創造性豊かな子どもを育てるための教育にも正面から取り組まなければならない時代が来ているのでしょう。

そこで次世代の資質を育てるのにふさわしい教育として、私たちが平成十三年から開発を進めてきた、国民の自立心や創造性を解放するのに役立つ教育である起業教育について紹介していきたいと思います。

第二章　起業教育は基礎教育

現在、日本には起業家教育と起業教育の二つの言葉があり、その狙いが違うことを知っている人は少ないかもしれません。そのため、普段はその違いを意識することなく同様な意味で使われていますが、基本的な狙いが違う教育であることを知っていてほしいと思います。

日本の起業家教育と起業教育は、ともに世界のアントレプレナーシップ教育に影響されて生まれたものであるのは同じです。しかし取り組みが進むにつれて、あくまでも起業家の育成に焦点を当てた教育に対して、幅広い国民の起業家的精神の育成に焦点を当てた教育との質の違いが意識されるようになりました。その結果、現在は起業家教育と起業教育の二つの言葉を区別して用いるようになっているのです。特に起業教育の場合は地域協働の学習スタイルを取り入れるなど、日本で開発されてきた独自性の強い取り組みとして発展していています。

まずは、起業家教育や起業教育と関わりの深い、アントレプレナーシップ教育について簡単に紹介しておきましょう。

一　アントレプレナーシップ教育とは

最初のアントレプレナーシップ教育は、開拓者精神、プラグマティズムの伝統があるアメリカに始まりました。アメリカでは一九八〇年代に入ると、教育の分野で経済発展に寄与する若者の育成を目指して、早くからアントレプレナーシップ（起業家精神）の醸成を図ることを目的としたアントレプレナーシップ教育が始まります。そして現在では、大学だけでなく全米各地の教育機関で小・中・高校生を対象にした各種のプログラムが開発され、展開されているようです。自立した市民による健全な社会の構築を狙いとして。そして、教育に役立つあらゆる要素が凝縮されているビジネスに、子どもの頃から触れさせることを目的にして。また若者に起業の面白さを伝え、起業の機会を紹介するために、さまざまな年齢層を巻き込んだ取り組みが増え続けていると見られています。

もともとアメリカは革新的な気風を尊ぶ、経験主義的な学習の伝統を持つ国です。さらに金融大国でもあるアメリカ社会を反映しているのでしょう、企業の経営だけでなく、株の配当から会社の精算までリアルに教えるといったこともしています。いかに収益を上げるか、どこからビジネスを興すかといった実利的な経済の全般にわたり教えるのが、アメリカのアントレプレナーシップ教育の特徴です。起業というと、マイクロソフトやグーグルやアップル、アマゾン等、グローバル展開するベンチャー発の巨大企業を思い浮かべる人も多いのではないでしょうか。ビル・ゲイツやスティーブ・ジョブズ、シリコンバレーやMBA、ハーバード・ビジネススクール、スタンフォード大学等、現在もアメリカがアントレプレナーシップ教育の先進地域であるといえるでしょう。

一方、社会を再構築する立場からアントレプレナーシップ教育に近づき導入を図ったのが、ヨーロッパ型の起業家教育の特徴のようです。イギリスではサッチャー政権下で始まり、当時の「イギリス病」で苦しみ閉塞していたイギリス社会への打開策として、あるいは社会起業家等への支援策としても導入されました。スコットランドが特に有名で、エンタープライズ教育と呼ばれて展開されています。エンタープライズ教育は、若者に労働市場に入るためのスキルと能力を与えるだけでなく、国の新しい文化や産業を生み出す基礎教育と位置付けて取り組まれ、小学校から大学に至る教育プログラムの体系的な開発が進められる中で導入が図られていると言われています。また、学校教育に導入するために教育のナショナルセンターでは、教員を対象にしたエンタープライズ教育の研修も行われているようです。さらに、アイスランドにおいてもイノベーション・エデュケーションとして一九九〇年代から取り組まれています。

また、北欧の国々でも、起業家精神の育成が国の重要施策とされています。特にフィンランドのバーサ市の取り組みは有名で、幼児のうちから、子どもたちの発達段階を踏まえて展開しています。三歳から小学三年生までの時期を、内発的な起業家精神が養われる心の準備期間ととらえています。そして小学四年生から高校生の時期を、外発的起業家精神の育成にふさわしい期間ととらえて、実際に企業を設立し商品開発に取り組む教育プログラムを展開するなど、創造的活動とビジネスアイディアに富んだスキルを身に付けさせようとしています。フィンランドの起業家教育は、独立した項目として扱われるのでなく、各教科の中に起業家的な視点を取り入れて学習を展開する形で行われているのが特徴のようです。

北欧諸国の経済発展やフィンランドの学力向上の背景には、思考力と問題解決能力の高さに結び付いたラーニング主体の学習があると言われていますが、アントレプレナーシップ教育の導入による影響も大きいものと思われます。

二　日本のアントレプレナーシップ教育

日本では、昭和末から平成に入った初めの頃に、アメリカのアントレプレナーシップ教育が紹介されると、さっそく民間により、販売体験を入れたアントレプレナーシップ教育体験プログラムが始まります。しかし、実際に本格的なスタートをするきっかけになったのは平成十年、欧米の取り組みに触発されて経済産業省内に生まれたアントレプレナーシップ研究会が「起業家教育促進事業」として取り上げたことです。それを受ける形で、平成十二年に教育改革国民会議の提案の中でも、起業家的精神の涵養を図る教育の必要性がうたわれるようになりました。

最初は民間企業の数社が、子どもを対象にした起業家育成として販売体験型の教室を発足させていましたが、平成十三年になると、仙台市立柳生小学校が東北経済産業局の支援を得て、最初の起業教育にあたる実験的授業「バーチャルカンパニー」に取り組みました。

その成果を元に、翌年からは六年生の総合的な学習の時間に起業教育が導入されました。そして立ち上げた子ども会社が、地元和紙を使った商品の開発をリアルに図り、仙台市内の繁華街において実際に販売体験をして収益を上げてみせたのでした。これが総合的な学習の中で行われた、日本で最初の本格的な学校発の起業教育となりました。その後、それを引き継いだ仙台市立太白《たいはく》小学校でも、各種の起業教育の実践が重ねられて体系化が図られ、平成十七年には起業教育の研究会が初めて自主公開されました。そして、東日本各地から多くの参観者を集めるまでになったのです。それから、両校が発展させた取り組みが、東北経済産業局により起業教育の東北モデルとして全国に紹介されるようになると、やがて東北モデルは後続する起業教育の基本モデルとなって、全国各地の学校に広がるようになりました。

起業教育を最初に実践した仙台市立柳生小学校の開発モデルは画期的なものでした。それまで曖昧だった起業家的精神を、本来誰もが持っている潜在的な資質である起業精神ととらえ直して実践をしてみせたからです。成果を簡単にまとめておくと、

① 初めて総合的な学習の中で、日本版のアントレプレナーシップ教育として起業教育を実践したこと。

② 子ども会社が実際に商品開発を図り、リアルに販売し収益を上げる授業をしたこと。
③ 地域活性化をテーマにして、地元産業の復興を狙いに授業を展開したこと。

などが挙げられるでしょう。それまで学校教育では未開拓分野で、タブー視されていた経済活動にあえて取り組んでみせただけでなく、さらに地域活性化を目指して実際に商品開発まで行った試みは、教育界や経済界だけでなく、世間を驚かせることになりました。

やがて、取り組みがマスコミ等を通じて知られるようになると反響は大きくなり、起業教育は時代に合った教育であり、地域づくりに役立つ教育であるとして、広く支持を受けるようになりました。また、柳生小学校の起業教育の実践は、それまで金銭を扱う経済教育に対して慎重だった教師や教育界の意識を大きく変える結果となったのです。

以後、柳生小学校と太白小学校発の東北モデルが地域の衰退に悩む自治体に受け入れられて、東日本を中心に全県的な取り組みとして導入が図られるようになっていきました。

しかし間もなく、起業教育の普及の流れは止まることになります。その理由はいろいろ挙げられますが、起業教育が始まってすぐに、職業教育に近いキャリア教育の導入が義務化されたことによる影響は大きかったと思います。

日本の社会では平成十年代に入ると、雇用形態が変わりました。フリーターと呼ばれる非正規雇用者が増え、正規雇用者が減っていったのです。そのため国は対策の一つとして、学校教育の中にキャリア教育を導入。職場体験等の授業を積極的に行うことを指示するようになりました。当時はキャリア教育と起業教育の違いが分からない時代だったこともあり、起業教育の取り組みは、導入が簡単なキャリア教育の陰に徐々に隠れるようになっていきます。

さらに追い打ちをかけたのが、学力向上の問題が表面化したことでした。平成十年代に入ると、ＯＥＣＤによる学習到達度調査（ＰＩＳＡ調査）が高校一年生を対象に行われるようになり、国際的な学力評価として注目されるようになりました。その最初の結果が思わしくなかったこともあり、以後、日本の教育界は基礎的な学力向上の問題へと関心が移っていったのです。

その間、世界では二〇〇七年（平成十九年）のサブプライムローンの問題に始まった、米国発のリーマンショックの金融危機が起こります。それに日本も巻き込まれて、経済不況がさらに深刻化するなど、社会全体をデフレマインドがさらに覆うようになりました。また日本の政治が民主党政権へと変わると、新しい教育への期待も薄れて学校教育もいっそう内向きになるなど、教育改革を求める意識が希薄になり始めます。そして起業教育だけでなく、総合的な学習に対する取り組み意欲も衰退していきました。起業教育は外部環境の変化により、長期の停滞期に入っていったのです。

しかし平成二十三年になると、政権が変わります。そして情報と経済のグローバル化の波がいっそう進展するにともない、再び起業家の育成を求める流れが広がっていきました。国内においては東日本大震災からの復興を目指す地域創生の動きが高まるとともに、教育界でも再び、起業（家）教育を求める声が出てくるようになりました。そして現在、経産省や産業界の支援を得て、大学や大学院ビジネススクールなどにおけるベンチャー企業の創出を図る講座が増えており、高校生を対象にしたビジネスプラン・グランプリがスタートしています。さらに、私たちが起業教育を始めて一五年後の平成二十八年度になって、初めて文部科学省が、起業（家）教育の導入に向けて予算をつけるようになりました。最近は社会全体の雰囲気が起業文化に対して前向きになりつつあるといえるでしょう。

三　起業家教育と起業教育の違い

さて、日本版のアントレプレナーシップ教育の中には、起業家教育と起業教育の二つの言葉があることを詳しく説明します。

もともとアントレプレナーシップ教育の範疇は広いといえます。欧米においても、すでに起業マインドがあって実際に起業を考えている起業家予備軍を対象にしたアントレプレナーシップ教育と、起業までに至らないが、起業家的態度やマインドを育てるためのアントレプレナーシップ教育の、二通りのアントレプレナーシップ教育があることが指摘されています。二つのタイプのアントレプレナーシップ教育を区別した方がよいのではないかという問題意識が、欧米にはあるようです。

そして日本のアントレプレナーシップ教育においても現在は、起業家教育と起業教育の二つの言葉があるように、アントレプレナーシップ教育の二つの性格の違う側面を区別するようになってきているといえます。あくまでもビジネス教育の範疇でプロの起業家、ベンチャー企業の育成に焦点を当てた教育、狭義のアントレプレナーシップ教育を「起業家教育」と呼ぶ一方で、学校教育の中で取り組んできた国民の起業家的精神（起業精神）を育てるための教育、広義のアントレプレナーシップ教育を「起業教育」と区別して呼ぶようになっています。起業家教育が、変化の激しい時代を迎えて、有能なチャレンジ精神あふれる起業家を早急に育て、ベンチャーの育成などにつなげたいと考える狭義の教育の立場なら、もう一方の起業教育は、時間軸を長く生涯にわたる視点でとらえて、若い時から起業家的精神（起業精神）にあふれる創造性豊かな人材、国民を育て、やがては日本全体に起業文化あふれる社会の創造につなげようとする広義の教育の立場です。また起業教育の立場では起業精神を、一部の起業家に宿る精神としてではなく、本来誰もが潜在的に持っている資質であるととらえており、変化の激しくなる一方の時代を迎えて、これからは誰もが潜在的に持っている起業精神を引き出して育てていくことが求められている時代であると考えています。また、全人生をコントロールしてチャンスを創り出す「生きる力」を自己経営を図る能力ととらえ、トータルな生き方に寄与するのが、起業精神であると考えているのです。

民間教育の指導者である板庇《いたびさし》明《あける》氏が、起業家教育と起業教育の違いは何かと聞かれたとき、音楽家教育と音楽教育が違うのに例えて、あくまでもプロの起業家を育てる起業家教育と、国民に広く起業文化を広げる起業教育は違うと答えていましたが、分かりやすい例えだと思います。

見通しのきかない変化の激しい時代を迎えて、両教育ともに起業家的精神の必要を説いているのは同じです。しかし、最終的にプロの企業経営者の育成に焦点を当てて、会社経営を直接指導する「起業家教育」に対して、国民の起業精神を育て、個人の自己経営能力を育成して人生を支え、チャンスがあれば起業精神を発揮して自らの人生を創造的に切り拓いていくことを当たり前にする人生観や、幅広い創造的な起業文化の醸成を図ろうとする立場が「起業教育」であるといえるでしょう。

日本のアントレプレナーシップ教育は、民間発と学校発の両学習プログラムともに最初は起業家教育という言葉でスタートしましたが、取り組みが進むにつれて、究極の狙いの違いを意識するようになりました。その結果、学校発のアントレプレナーシップ教育は実際の起業家を育てているわけではないのだから、起業家教育と呼ぶよりも起業教育と呼ぶのがふさわしいと考えるようになり、今では教育の現場では起業教育という言葉を使うことが増えてきています。仙台市立柳生小学校の場合も起業家教育という言葉からスタートしましたが、途中から、特に東北モデルと呼ばれるようになって以降は、意識的に起業教育という言葉を使うようになりました。

ただし現在、二つの教育の究極の狙いが違うことが理解されないままに使われている事例が、相変わらず多く見られます。教育関係者やマスコミ、産業界の中でもその違いを意識することなく使っていることが多いようです。さらに各地の教育委員会の中には、スチユーデント・シティ、トレーディングゲーム、インターンシップ等の体験型の経済教育をすべて起業（家）教育ととらえて紹介しているところもあり、かなり混乱が見られます。とにかく誤解されやすい起業家教育と起業教育の関係ですが、最終的な狙い、根底にある世界観、哲学が違うのです。そこで、二つの教育の立場の違いをモデル化して並べてみましょう。

（1）プロを育てる起業家教育

起業家教育の狙いは、あくまでも次世代の経済界のリーダーになれる起業家の育成、ベンチャー起業家の育成にあるといえます。バブル崩壊後の日本の経済は「失われた二十年」と語られるように、成長が止まり長期停滞するようになりました。そこで、日本が再び成長し繁栄するためには新たな企業が次々と生まれる社会を創造する必要がある、そのためには社会の原動力となる起業家を育てなければならないと考えるところから、起業家教育は取り組まれているのです。

近年、日本発のグローバル企業がなかなか生まれないと言われているように、世界各国の起業率を比較した調査結果によると、日本の起業率は先進国の中でも最低レベルであることが分かります。日本の社会の構成員の圧倒的多数が被雇用者であるサラリーマンというように、依然として自立心に乏しい若者が多く、起業を目指す者は少ないといえます。そこで、何とか未来の起業家を育てるため、あるいはビジネス界で活躍できる人材やベンチャー企業を育成することを目的に生まれたのが、起業家教育というわけです。産業界の先端に立つ人材を育成する狙いの背後には、一人の起業家が育つと新たな仕事が生まれて、たくさんの雇用者を生み出すことができるに違いないという考えがあります。

しかし実際には、起業家教育の名前でさまざまな性格の取り組みがなされているのが現状です。例えば各大学における起業家育成講座や、各自治体や企業による起業セミナーが増えるなど、一応、起業を志す学生や社会人を対象にしたベンチャー起業育成プログラム等が盛んに取り組まれるようになってきました。ただし、受講はしても実際に起業を目指す受講生は一握りと言われています。そんな中、国はイノベーション創出に挑戦する専門性の高い大学院生や研究者を対象にして、平成二十六年度から「グローバルアントレプレナー育成促進事業」を実施しており、次々とイノベーションが起きる環境イノベーション・エコシステムの構築を目指しているようです。

また、起業家教育の名称で民間企業やＮＰＯが主宰する、小中高校生を対象にしたビジネス能力を育てるための教育が行われていますが、その多くは起業というよりも、早期からの経済教育の取り組みという面が強いようです。

　民間の代表的な取り組み例として、以前から京都を拠点に起業家教育の名称で取り組んできたアントレプレナーシップ開発センターの活動が挙げられるでしょう。現在も毎年のように、産業界や大学を巻き込んでバーチャルカンパニーの大会を主催しています。また、高校生を対象にした国際競技「グローバル・エンタプライズ・チャレンジ世界大会」などに若者を送り出すなどの活動も地道に続けています。

（2）国民の資質を育てる起業教育

　一方の起業教育の狙いは、国民の起業家的精神の涵養を図り、一人ひとりの生涯にわたる自己経営能力を高めるとともに、社会の起業文化、創造立国日本の底辺を広げることにあります。起業教育の立場では、私たちは誰もが起業家になるわけではないが、変化の激しい時代を生き抜くために、これからは誰もが起業家的精神と創造性を必要とする時代に生きていくことになるだろうと考えます。さらに、広範な音楽文化が基層にあって、その中から優れた音楽家やアーティストが生まれてくるように、国民の起業家的精神の涵養が図られるとともに、創造的な文化の基層が広範に養われて、やがてその中から有能な起業家や独創性に富む人材や発明家も輩出できるであろうと予測しています。国民の起業家的精神を高めて、国民の資質、特に創造性を高めるとともに、日本の起業文化や発明文化の裾野を広げることが必要であると考えているのです。

そして、起業家を育てるためにも、大学で始める起業家教育では遅すぎる。早期から、小学校の段階から起業教育を体験させる必要があるとの立場です。起業精神や創造性は若い時に養われるのを考えれば、できるだけ早くから始めなければならないでしょう。

なお、起業家的精神は起業家の精神になぞらえて用いられている言葉ですが、本来誰もが持つ潜在的な資質であることを考えると、起業精神と呼ぶのがふさわしいと考えられます。ただし、起業精神は単なるチャレンジ精神ではなく、創造的なチャレンジ精神に近いものです。

とにかく、起業教育の狙いは国民一人ひとりの起業精神、あるいは起業家的な精神の涵養を図ることといえるでしょう。

グローバル化とテクノロジー化が進む変化の激しい時代に、社会に対する依存心やぶら下がりの精神のままでいると、個人にとっても人生のリスクがますます高くなるばかりです。そこでこれからは、誰もが自立心を高めて自らの人生を切り盛りしていくことが重要になってきています。自らの人生をコントロールしてマネージメントできる力、自己経営能力を身に付けて生きていくことが求められるようになるでしょう。そこで必要になるのが起業精神であり、その起業精神の育成を図るためには、早くから実社会に働きかけて学ぶ起業教育を経験させることが必要なのです。

起業教育の代表事例として、学校の総合的な学習から生まれた東北モデルの起業教育が挙げられます。これは、子どもたちが地域の活性化を目的に、仮想の子ども会社を立ち上げて商品開発を図り、実際に販売体験までを行う授業がメインですが、他にも、子どもＮＰＯによる地域づくりの活動、地域社会参加型のプロジェクト等があり、各地のモデルとなっています。

起業家教育の視点が職業的な自立や職業キャリアに焦点を絞っているのに対して、起業教育の視点は職業だけでなく、家族や仲間や自分の住む地域社会などを含めて生き方を考える、生涯にわたるライフキャリアのデザインに焦点を合わせて取り組もうとしているところも違います。起業教育が、生涯学習社会に必要な自立のレッスンとなる教育、自立心を促し創造性を解放することを狙いにした教育であると言われるゆえんです。

さらに現在、地域創生のプロジェクト学習の必要が叫ばれるようになりましたが、起業教育はすでに地域創生の学習を当初から展開しているなど、先駆的なモデルであるといえるでしょう。

本書は、とりあえず起業家教育は人材の豊富な民間企業やビジネススクールに任せて、圧倒的に資料も指導者も少ない「起業教育」について紹介するものであり、これからの日本の教育だけでなく生涯学習社会に求められる学びについて関心を寄せる多くの方々を対象に書いています。

第二部　起業教育はこうして始まった

第三章　時代との葛藤から生まれた起業教育

ここからは、なぜ先駆的な起業教育が学校から生まれてきたのかについて紹介したいと思います。

日本の起業家教育が、経済界のリーダーとなる人材育成を願う大学や民間企業の取り組みから生まれてきたアントレプレナーシップ教育であるなら、一方の起業教育は、教育改革を契機として生まれてきた、子どもたち一人ひとりの起業家的精神の涵養を図る学校発のアントレプレナーシップ教育であるといえます。

起業教育では、起業家的精神はリーダーとなる起業家だけでなく、それ以前に、誰もが自立して生きていくのに必要な精神であり、個人の全人的な資質の開花を支える大切な精神であると考えて展開を図ってきました。また、起業教育はあくまでも日本の学校が独自に生み出したアントレプレナーシップ教育であるともいえるでしょう。

起業教育の誕生に至るまで、そして軌道に乗るまでには、当然のことながら苦難の道がありました。起業教育の全体像を紹介する前に、なぜ創造性の育成が苦手なはずの学校から、日本独自の起業教育が生まれることができたのか、その軌跡と、また生まれなければならなかった必然性について紹介していきたいと思います。

一　起業教育誕生前夜の教育現場

話は、起業教育開始前夜の平成十年前後の日本に遡ります。当時の世相、教育界を取り巻く環境は最悪であったといえます。世の中は長期にわたる不景気の中にあって元気がなく、若者たちは就職難で苦しみ、フリーターや非正規雇用者のみが増えていました。そして家庭においても、離婚家庭や崩壊家庭が増加し、生活保護に頼る世帯が多くなるなど、恵まれない環境で暮らす子どもたちの数が増え続けていました。また地域社会も衰退する一方でした。人口が減り続けて地域の教育力が失われてくると、池田小学校襲撃事件のように、各地で子どもが狙われ、襲われる事件が起きるようになります。とにかく子どもたちや若者を取り巻く教育環境の劣化が、日本全体で目立つようになってきていた時代だったといえます。

平成十年頃、当時の学校の様子もまた悲惨でした。いじめや不登校、学級崩壊、校内暴力といった生徒指導の対象となる問題が多発するようになり、先生方は生徒指導の問題で、連日振り回されるようになっていました。また当時の学校は、戦前・戦後の苦しく貧しい時代を知る指導力のあった個性的なタイプの教員はほとんど姿を消しており、苦しい時代を知らない戦後世代の教師たちに変わっていました。そして学校は、日々生起する生徒指導等の諸問題に対応するのに手がいっぱいだったのです。

また当時の社会には、日本の過去を断罪する自虐史観が蔓延しており、国旗・国歌の問題につながる歴史問題が表面化してきます。さらにポストモダン的な崩しの思想が社会全般に浸透してくると、教育界も敏感に反応するようになりました。例えば、子どもの抑圧的なデータはいらないとされて、学校からは知能検査や学力検査がなくなります。子どもの自主性を尊重する名目で教師は指導を控えるようになり、それまで続いていた学校行事も授業精選という理由で次々と縮小し、消滅していく事態が起きていました。さらに、個人情報の保護を名目にして家庭訪問や家庭調書等を廃止にする、または簡単にする方向へ一段と進み、家庭と教師間のコミュニケーションも薄れていきました。ジェンダーフリー論が流行ると、名簿や並び方も男女混合にしなければならなくなり、男子を「君」付けで呼ぶのをやめて「さん」付けに統一することが求められるようになりました。またグローバル化の時代に合わせて、国民としてよりも、世界市民として育てるべきであるといった極端な声が、地方行政の中枢からも聞こえるようになったのです。さらに教職員組合の先生方は忙しくなるのを恐れて、学校文化の消滅に力を注ぐことがあっても、教育改革の話には一切協力しようとしませんでした。とにかくその間、個人主義のみが肥大化する一方であり、それまで伝えてきた学校文化や地域文化そのものが検証されることもなく、古臭いものとして解体される方向にありました。日本の将来に対する漠然とした不安が広範に広がっていた時代であったといえます。

二　未来を語れないデフレマインドの学校教育

学校の雰囲気、先生方の意識も当然変わりました。クレーマー的な保護者が目立つようになると、先生方の保身に走る姿勢がさらに強化され、物分かり良く優しいが責任感がもの足りなかったり、指導力不足だったりする教師たちも目につくようになったのです。教育界そのものが無力感に浸り、自らの力を信じられなくなっていた時代でした。

また、子どもたちにとっても辛い時代だったといえます。先生と生徒が大いに語り合って元気に遊び、元気に学ぶ時代とは真逆の学校生活を送っていた時代といえるかもしれません。世間から期待されることもなく孤立しがちな中で、子どもはただ将来への不安から、受験勉強のみが至近の目標として課せられていました。そして大学生もまた就職難に苦しみ、希望を語るのを忘れたかのような状況でした。

本来、教育活動はいかなる状況下にあっても子どもたちに夢を与えて育てるとともに、日本の活力となる学び、未来志向の営みでなければなりませんが、先生方の心も社会を映して暗く分裂していました。そのため学校は、安全第一の受け身の姿勢がいっそう強くなり、自らの手で教育の未来の姿を描くこともできず、教育委員会の指示なしに動けなくなっていたといえます。しかし教育委員会もまた自信をなくし、世評を恐れて萎縮しており、およそ学校を守る力としては当てにはできない状態でした。今でも学校を取り巻く状況は当時の状況と比べて大きな変化は見られないかもしれません。

とにかく経済用語を借りれば、教育界のデフレマインド。守り一方で新しいことにチャレンジできない受け身のマインドから教育界がいかに脱するか、先生方の心をいかに前向きに立て直して学校教育の主体性を取り戻すか、子どもたちの夢や向上心にいかに火をつけるかが、当時の教育界にとって大問題だったのです。

三　学校と地域協働の事業をスタートさせる

平成十二年、私は後に起業教育の開発拠点となる、仙台市立柳生小学校の初代校長になりました。新設校ということで、次世代を育てるのにふさわしい創意あふれる学校を創りたいと願って赴任しましたが、やはり現実は甘くありませんでした。選ばれた先生方が集められたはずですが、他の学校と同様に大人しい受け身の姿勢の教員が多く、何か新しいことに挑戦してみよう、学校改革に積極的に関わってみようとする前向きの教員は少数派という状況は変わりませんでした。そのため、全校挙げて特色ある学校像を創り上げていくことは本当に難しいことでした。ですから当時は、起業教育を始めるなどということは思いもしませんでした。

この閉ざされた状況を打開するために最初に考えたのが、学校の実態を地域社会に明らかにして、地域社会の教育力を学校に取り込むことでした。そこで先生方に、自らの教育観を明らかにして保護者に接することを要請し、子どもの環境を守るためにも、常識的な社会人の立場で積極的に地域貢献してもらうことにしました。学校から地域に、協働で未来を拓く子どもたちを育てることを呼びかけたのです。この考えの延長に、やがて起業教育が生まれてくることになります。

(1) 地域社会との連携を強化

当時の仙台市立柳生小学校の環境を少し説明しておくと、柳生地区は仙台市の南部、太白区の名取川沿いの平野部に位置しています。かつては仙台藩の御用和紙である柳生和紙の生産地として知られ、大正期にも百軒を超す和紙生産農家がありました。しかしその後は衰退し続け、今では和紙を漉く家は一軒になってしまいました。また平成に入る頃から、柳生地区の広い田畑をつぶして宅地開発が進みます。その結果、地域の人口が急速に増え続けてマンションや商店街が目立つようになり、地区には新旧住民が混在する新たな市街地が形成されていきました。そして平成十二年には仙台市立柳生小学校が生まれたのでした。その後も人口は増え続けて、小学校も開校三年目にして児童数九百人に迫る大規模校に成長していきました。

成長する柳生地域には悩みがありました。それは、新興マンションの住民が独自に自治会を組織するようになったことです。旧地区には古くから町内会が組織されていましたが、八割を超す新興住民は町内会に所属せず、学区は年々まとまりのない地域になろうとしていたのです。そのため住民は、どのような街を創っていったらよいのかという問題に直面し、地域の一体感の喪失に悩んでいたといえます。そのため、新旧地域住民の新設校に対する期待は大きいものがありました。

一方の新設校の柳生小学校も、地域との一体感の中で学校経営を図ることを願っていました。そこで学校と地域は、最初から連携・協働していくことを盛んに話し合うようになりました。その結果、地域は学校づくりを支援すること、学校もまた地域づくりに貢献することが合意されました。さらに、「子どもたちを地域の後継者として育てるために、地域活動に積極的に参加させること。子育て中の大人・保護者世代は、地域の子どもたち全体を育てるための実行部隊としての立場で子育て・地域支援に当たること。高齢者世代もまた、地域の子育て支援の応援団としての立場で活躍してもらうこと」なども、引き続きの話し合いの中でまとまっていったのです。各世代の役割を見直して、学校づくりと地域づくりを三世代が一体となって、同時並行で進めることを約束し合いました。

以後、住民と学校の協力関係が密になり、相互の支援態勢が整うようになると、地域の祭りや運動会も学校と地域協働で行われるように変わりました。地域からの支援が見えるようになると、最初は控えめだった教員の意識も前向きに変わり始めます。そしてＰＴＡ活動だけでなく、学区民全体の目を意識するようになり、地域の行事にも積極的に参加する教員が増えていきました。さらに学校便りは学区内の全戸回覧に変えました。内容も連絡事項だけでなく、折々の教育の問題や学校経営上の諸課題について積極的に取り上げ、学区住民全体を対象にして書くようにしました。また、学校行事を原則として地域公開にした結果、住民の参加者も増えていきました。そうすると、子どもたちも地域の行事には積極的に参加するようになります。とにかく学校と地域の垣根が低くなり、情報が共有化されるにつれて、住民の学校に対する信頼感は年々厚くなっていきました。

（２）自らを育てる子ども塾が誕生

人は誰もが人生を自ら選択して生きています。自立の度合いが低いとはいえ、子どもたち一人ひとりもまた、自らの判断で人生を決めていこうとしていることは変わりありません。そこで、子どもたちが自らの夢を育てていくためには、迷いながらも自らの考えで将来の夢を描いていくことができる力、自立心を早くから育ててやることが大切であると思います。

そこで柳生小学校では、開校時から子どもの自立心を育てることを考えていました。そこで生み出したのが、学校の教育課程の範疇に限定せず、日頃から自らを育てる機会となるアフタースクールを課外に設けることでした。子どもたちが自らの夢を育てるためには、あらゆる機会を利用して学ぶことが重要ですから、自ら学ぶことの大切さと喜びに目覚めてもらおうと考えたのです。

そこで開校年の平成十二年、柳生小学校では、子どもたちが自主的に学ぶ学習の機会として、子ども向けの生涯学習機関となる「柳生子ども塾」を校内に開設しました。子ども塾は学校カリキュラム以外の生涯学習機関であり、課外の時間帯を利用して行われるアフタースクールのことです。指導者・講師陣には、地域住人をはじめとした外部講師がボランティアとして入ってくれることになりました。講座は、それぞれの講師が得意とする分野の講座が準備され次第、次々と立ち上げられました。伝統芸能から茶道、華道、百人一首のかるた、合唱、そろばん、工作、陸上、科学、地域探査、地域紹介ビデオの制作等、二十講座を超えました。受講料は材料費などの実費以外はかからない、基本無料の講座にしました。この講座の特徴は、子どもの自発性や独立心を第一に考えていましたから、学校が指示して全員参加させる補習でもクラブ活動でもありません。あくまでも子ども自身が自己責任で自主的に選択して学ぶシステムにしました。本人が希望するならいくら選択してもかまいませんし、また逆に選ばなくてもかまいません。各講座には定員がありますから、新しい講座が始まるたびに子どもたちは、その都度、自ら進んで選ぶようになりました。また、講座の内容によっては地域にも開かれました。そのため仙台の伝統芸能である「すずめ踊り」の講座には、住民も参加するようになりました。現在では仙台市の各種のイベントで活躍する地元を代表する大きな舞踊グループに育ち、活躍するまでになっています。

付け加えると、私は平成十五年には次の仙台市立太白小学校に校長として転任しましたが、そこでも同様の取り組みをしました。太白小学校は人口が増え続けていた柳生地区とは反対に、少子高齢化が進み人口が減り続けて寂しくなる一方の仙台市内の旧団地内にある小学校でした。そこでも柳生小学校同様に、子ども向けの生涯学習機関「太白アフタースクール」を課外に開設しました。ボランティア講師をさらに広く呼びかけたところ、住民だけでなく、高校教師や大学生、大学院生、元大学教員、会社経営者、アーティスト、パティシエ等が講師になり、高校生や手芸サークル等の婦人たちも手伝いに入ってくれました。その結果、謡曲、お茶などの伝統文化からお楽しみの菓子づくり、手芸、工作教室、レベルを上げた科学実験教室やパソコン教室、さらには漢字検定や自己申告で学ぶ補習教室等々、三十近くの講座が生まれました。その中から「太白区少年少女発明クラブ」が生まれて自立するようになり、現在は募集対象を全市に広げて独自の活動を続けるまでに育っています。

とにかく、当時の私は両校の朝会の際には、全校児童に向かって「学校の勉強は、生きていくのに必要な大切な勉強ですから、難しくても絶対に投げ出すことなくしっかりと勉強しましょう。また子ども塾の勉強は、自分で好きなことを選んでする勉強ですから、失敗を恐れないで挑戦してください。きっと学ぶ楽しみが増えていきますよ。勉強には、学校の勉強と自分で育てる勉強の二通りの勉強があることを覚えてください。日頃からどんな時も自分を育てていきましょう」と呼びかけたのでした。実を言うと、学校教育の盲点の一つは、子どもが自ら選択して学んでいくことの大切さを評価できない教師が多いことです。真面目な教師や組合の教員ほど学校教育中心主義で、自学を余計なことと考えて協力したがらず、子どもたちが自らの興味で学ぶことを一段低い余計な遊びと考えているといえます。

しかし、両校の場合は、地域の支援の上に子ども塾やアフタースクールを立ち上げたことが、やがて後の起業教育の開発へとつながっていったのです。学校教育中心で、しかも管理教育以外の学びを認めない立場で考えていたなら、文部科学省の直接の指示でもない限り、起業教育が生まれることはなかったと思います。

（3）地域ネットを試作

柳生小学校では地域づくりと学校づくりの協働事業をさらに推進するため、実験的な試みとして、ＩＣＴを活用した地域版のＳＮＳにあたる地域ネットの作成に取り組みました。平成十三年に通信会社に技術的な協力を得て、学校内にサーバーを置き、地域情報を提供する「柳生ネット」を立ち上げたのです。柳生ネットには学区内の各機関がインターネットを通じてつながり、学校と地域の情報が行き交い、新たな地域活動が始まることを期待して作ったネットワークです。例えば学区内にある社会教育施設や交番、病院、店屋、各サークル、町内会、学校等が発する地域情報が瞬時に手に入ります。また学校は情報を発信するだけでなく、毎年総合的な学習等で収集した地域情報をネット上のデジタル図書館にデータベースとして蓄積し、やがては地域情報のアーカイブにして地域に公開し活用してもらうことにしました。インターネットを活用した地域づくりと学校づくりを協働で進める取り組みの中で生まれた地域づくりのＳＮＳとでもいえる取り組みだったのです。ただし当時はインターネット普及の黎明期でもありましたから、ネットの速度も遅く地域の準備が追いつかないなど時期尚早の面もありましたが、今後に活かせる未来志向から生まれた面白い試みではなかったかと思っています。

この地域ネットの試みが後に起業教育と結び付くと、さらに大きな展開を見せます。例えば、柳生ネットの中に地域の商店のホームページを立ち上げるために、子どもたちが地域の商店に代わって起業教育で学んだＩＴ技術を応用して店のホームページの作成を手伝うようになりました。そして、そのお礼として、店の職場体験をさせてもらう授業が生まれています。また地域紹介のため、ウェブビデオの制作を企画した六年生のグループが、そのノウハウを得ようと東北大学大学院の情報科学科に出向いて制作指導を受けてくるなど、子どもたちがあらゆる機会を利用して自ら学ぼうとする姿勢が普通に見られるようになっていきました。ただしその後、私や指導に当たっていた教員が転勤していき、やがてコンセプトが弱くなるに従い、起業教育とともに柳生ネットの活動は停滞していきました。

（4） 目標の見える地域協働事業が必要

現在、文科省が普及を図っている「学校支援地域本部」等の地域力強化プランは、地域の力を借りて学校教育を立て直そうという試みなのでしょう。そして多くの学校もまた、学校が地域から支援を受ける立場の一方向で協働事業を考えていると思います。しかし柳生小と太白小が考えた協働事業の立場は違います。子どもは地域社会の構成員の一人であり、後継者でもあります。そこで、子どももまた若いなりに地域活動に主体的に参加していく必要があり、学校もまた衰退する地域社会の地域づくりにできるだけ貢献していかなければならないこと。地域と学校は相互に支え合って発展していかなければならないという、共存共栄を図る立場で考えていました。

学校と地域の連携や協働事業から得られた教訓を挙げておくと、学校づくりと地域づくりは一体である必要があるということです。子どもを取り巻く地域社会は年々衰退してきており、地域社会の教育力や絆そのものが頼りにならなくなってきている問題がありますから、学校からも地域づくりへの支援が必要だといえます。しかし、地域社会に助けてもらうことだけを当てにしている受け身の学校が今も多いのが現実です。

これからは地域と学校の間に連絡機関を置くだけで満足せずに、地域づくりや学校づくりの理念をお互いに共有して、ともに具体的な目標を目指して取り組んでいくことが大切なのです。その成功のカギを握るのは、住民と学校の問題意識の深さであり、両方の主体性の強度がどの程度あるかだと思います。もちろん、リーダーシップを発揮できる校長や管理職クラスのスタッフが大切なのは言うまでもありません。

学校づくりと地域づくりを協働で進める取り組みの中から子ども塾や地域ネットの試みが生まれたように、その協働事業の延長上に生まれたのが、これから紹介する起業教育です。

第四章　起業教育を始める

日本の起業教育が生まれた前提には地域と学校の協力態勢があり、その中から子どもたちを生涯学習の視点で育てる第二のスクールが生まれ、外部の講師陣が得意な分野で子育てに当たるようになったことは大きかったといえます。学校と地域が協働で子育てするのが当たり前になると、子ども、教員、保護者、住民の間の垣根はさらに低くなり、一体感が育っていくことになりました。そして国内最初の起業教育は、第二のスクール柳生子ども塾を舞台に始まることになりました。以下、最初の取り組みを紹介します。

一　日本最初の起業教育「バーチャルカンパニー」

欧米でアントレプレナーシップ教育が始まっているのを知り危機感を覚えた経済産業省

の政策局によって、平成九年「アントレプレナーシップ教育研究会」の報告書が出され、「欧米・アジア諸国においても起業家精神の涵養が重要になっており、大学・大学院や小中高校においてさまざまなプログラムが導入され一定の成果を上げている。我が国でも大学・大学院や小中高校などにおいて、学生、生徒、及び児童の起業家精神を涵養する教育の充実が望まれる」と問題提起されました。さらに平成十二年には教育改革国民会議の「教育を変える十七の提案」の答申が出され、その中で「一人ひとりの才能を伸ばし、創造性に富む人間を育成するために、職業観や勤労観を育む教育を推進する必要がある。そのため、職業教育や起業家精神の涵養のための教育内容を充実する。また、職業見学、職業体験、インターンシップなどの体験学習を積極的に実施する」と述べられました。経産省の提言を受け入れたのでしょうか、起業家的精神の涵養を図るための教育が必要であるとの文言が初めて記載されたのでした。

当時校長をしていた私はこの答申を読んで、感慨を深くしたことを覚えています。そして改めて、起業家教育の必要を正面から考えるようになりました。しかし当時は起業家教育の実践例はもちろん、教育の現場には起業の言葉すらないような時代でしたから、直接に授業の中に取り組むことは不可能でした。そこで考えたのが、生涯学習機関として立ち上げた「柳生子ども塾」の中で、起業家的精神の涵養を図るため、教育プログラムの開発に実験的に取り組むことはできないだろうかということでした。

（1）学習プログラムの概要

当時は教育委員会もまったく関心がないのは明らかでした。そこで、東北経済産業局と宮城総研に起業家教育開発の手助けを呼びかけてみたところ、驚きながらも快く協力をしてもらえることになり、起業教育を始める手掛かりが生まれたのです。

翌年の平成十三年度の春に、参加を希望する先生方に加えて、東北経済産業局、宮城総研のスタッフ、紹介されたITベンチャー株式会社モモの伊藤靖社長、他の協力者に集まってもらい、話し合いの結果、最初の実験的な授業を「バーチャルカンパニー」として行うことを決めました。そのニュースを住民にも紹介したところ大きな反響があり、激励の声が寄せられるようになりました。

とにかく最初の試みでしたから、参加を希望する六年生の二十人に絞り、四月の末には柳生子ども塾を舞台にして、産学官協働で取り組む最初の起業教育をスタートさせました。柳生小学校のコンピュータ教室を開放して、土曜日の午後を使い月二回のペースで、特別の授業が約一年間にわたって、しかも地域公開で行われたのでした。

最初に起業教育のテーマが話し合われました。そして、実際に衰退し消滅しかけている地元柳生地区の地場産業である柳生和紙の再生復興事業に絞り、「柳生和紙を使って新商品を作り、ネット上で全世界に販売してみよう」というテーマに決めました。このテーマ設定は、後に重要な意味を持つようになります。最初は欧米流のアントレプレナーシップに近い会社の利益のみを目的にした起業テーマを考えてみましたが、納得できませんでした。それよりも、古くから日本の起業家が社会貢献を目指して会社を興してきた事例に倣い、地域社会との共存共栄を図る立場で取り組むのが日本の起業教育にふさわしい、と考えたところから生まれたテーマでした。子どもたちが起業活動を通して学び、同時に地元にも社会貢献を果たす喜びを知ってもらおうとする狙いが明確になりました。その後、社会には、地域貢献を掲げたテーマに賛同する人たちが多いことが分かりました。そして今では、起業教育とは地域の課題等を考慮し、地域の活性化を図る取り組みが基本モデルであると見られるようになっています。

開講後、前期の授業は伊藤社長の講話が中心となり、実際の会社設立の目的や会社の作り方などを教えてもらい定款を作ってみました。また同時に起業家の苦労話が紹介されるなど、会社経営の難しさについても学びました。中期の夏場からは、子どもたちが主役になります。そして各子ども会社に分かれて、テーマに沿った商品開発に取り組む活動、ラーニング主体の学習が始まりました。

やがて、六年生の子ども会社の四社に加え、途中から参加希望してきた中学三年生のグループ一社、支援グループから生まれた保護者グループの一社、先生グループの一社という、総勢三十五名ほどの七つの会社で、柳生和紙を使った新商品の開発競争をする取り組みになりました。六年生や中学三年生、そして大人も、参加者全員が初めて経験するという同じ立場です。さらに、アイディアを競うのは必ずしも大人が有利とは限りません。そこで七社が対等の立場で競争するコンペティションにしました。これを喜んだのは子どもたちでした。子どもたちにすれば、年上の先輩や大人たちと対等に争うことができるのは嬉しかったようで、一気にモチベーションが高まりました。

最後に問題になったのが、評価の仕方についてです。評価は学校教育のように指導者や教師がしたのでは意味がありません。あくまでも市場同様に、社会の評価を受ける必要があります。そこで考えついたのが、各社が開発した新商品をウェブ上の「バーチャルカンパニー」のホームページに展示をして販売すること。それを一般の消費者が気に入ったら、商品として仮想購入してもらうのです。バーチャル商品ですから、模擬投票をして購入してもらうシステムでした。消費者の心をつかんだ新商品が一番票を集めるという仕組みです。そこで支援者の手を借りて、ネット上に投票システムの開発が進められました。

そして夏休み明けの後半に差し掛かると、参加各社はアイディアだけでなく、実際に和紙の新商品を試作するようになりました。なにしろネット上で模擬販売するためには、会社のホームページ上に開発した新商品を並べて見せなければなりませんから、大変な作業です。しかし子どもたちは、苦労する大人たちを尻目に、放課後も残って生き生きと取り組むなど、すべての作業を自力で終えてみせたのでした。そして冬休み前には、各社のさまざまな自慢の商品がバーチャルカンパニーのホームページ上に並び、消費者に投票を呼びかけました。

そして年度末、三月初旬の最終授業において、投票結果の最終発表が行われました。その結果、六年生のA会社の和紙で作ったマウスパッドの新商品が、組み合わせの面白さと量産できる可能性の高い商品として最優秀賞に選ばれ、バーチャルカンパニーの全過程を終えたのでした。

続いて行われた反省会では、お互いの一年間の苦労を称え合って、最初の実験的な起業教育の取り組みは終わりました。希望参加してきた中学三年生たちは受験期と重なり、途中離脱せざるを得なかったのは残念でしたが、六年生の子どもたちにとっては大いに自信を深めた、収穫の多い取り組みになりました。

その後、子どもたちは仙台市内のホテルを会場にして行われた「起業教育バーチャルカンパニーの成果」の報告会に臨みました。子どもたちがマスコミや関係者を前に、堂々と誇りに満ちて、自らの成果をプレゼンテーションしている姿が印象的でした。

（※この取り組みの詳細は、東北経産局のウェブ資料「柳生小バーチャルカンパニー」を参照してください）

振り返ってみると、当時は起業家精神を育てる授業は前例がなく、参考になる文献や資料もない時代でした。もちろん、教育委員会からの支援もありませんでした。そこで私たちは、希望参加した教員と経産局の担当職員、応援に駆けつけてくれた外部支援者にも手伝ってもらいながら、手探りで開発を図り、毎回の授業を進めていったのでした。とにかく土曜日の午後、バーチャルカンパニーの授業が終わった後で、講師陣や関係者が校長室に毎回集まり、以後の授業の方向性をめぐって話し合い、次回の授業の準備に当たってきたのでした。

忘れてならないのは、外部の協力者の熱意でした。誰もが次世代の成長に期待し、日本の教育に足りないものがあることを自覚して、参加してくれたということです。すべての人が無償で参加してくれただけでなく、必要なソフトを調達したり、投票システムの開発に当たってくれたりしました。東北経産局職員の黒瀬芳紀氏は、ネット上に毎回の授業の様子を記録して流してくれました。また、メイン講師を務めてくれた伊藤社長も本業の傍ら、子どもの成長を楽しみに取り組んでくれました。とにかく毎回の授業のたびに、外部から支援者が訪れるなど、参加者すべてが起業教育を成功させたい、日本を元気にしたいという思いで結ばれていた取り組みであったといえるでしょう。

（2）子どもの成長が著しい

「バーチャルカンパニー」の取り組みは、小学生の段階から起業について学ぶことが可能であることを証明したといえるでしょう。子どもたちは、大人が思うほどに幼くはなく、身近なところから経済を考え、会社経営の本質を十分に理解することができるのです。知恵やアイディアなどは、大人と比較しても大差がなく、ＩＴ活用能力はかなり高いことを示してくれたと思います。以下は、子どもたちの成長の様子に焦点を当てた報告です。

講座の前半、子どもたちは講師から、会社の役割や会社経営の実際についてエピソードを交えながら説明を受けました。その後に自分たちも簡単な定款を作ってみたり、基本的な知識として資本や商品開発や販売について、簡単な損益決算書や貸借対照表《バランスシート》などの見方についても学びました。子どもたちが難しい話を理解できているのかどうかを質問してみると、「世の中に会社が必要であり、工夫して資本を集めていること。収益を上げるためには、投資したお金をいかに回収するか知恵を絞らなければならないこと。また、負債を入れて利益を計算しなければならないことが分かったよ」といった答えが返ってきました。

中盤以降になると、会社目標を立てて役割分担を図り活動をする、ラーニング主体の学習になりました。地元和紙を使った新商品の開発の予備知識を得るために、和紙商品の専門販売店に出かけて市場調査を行い、各社の取り組み状況を情報交換し合う報告会等が行われました。

とにかく期日までに新商品を開発し試作して、それを「バーチャルカンパニー」のホームページ上に設けられた各社のコーナーに、見栄え良く展示しなければなりません。最後にネット上で投票による外部評価を受けるのですから、期日が迫るにつれて本気で取り組むようになりました。

　定例の授業が進むに従い、子どもたちのモチベーションが劇的に変わっていきました。最初は講師陣の話を好奇心で聞いていた子どもたちの姿勢が徐々に本気になり、途中からは起業精神に目覚めたかのように、自分たちから進んで参考となる資料やアイディアを求めて行動するようになりました。親子で出かけたショッピングの際も手掛かりを求め、街中で市場を調査するようになりました。さらに後半に差し掛かると、子どもたちは平日の放課後も自ら残って、頻繁に作戦会議を開くようになりました。情報を整理してアイディアを絞り、試作した自社製品や、ネット上の紹介コーナーの仕上がりを盛んに検討していました。当時、子どもたちが私に向かって「先生、僕たち何かすごいことをしているような気持ちになってきたよ」と笑いながら報告してくれたのを思い出します。

　とにかく、周囲の大人たちの心配をよそに、年の瀬も押し迫った十二月になると、自ら工夫して作成した各会社の新商品が「バーチャルカンパニー」のホームページ上に掲載されて、インターネットを通じて発信されました。子どもたちは、見事に納期を守って新商品を作ってみせただけではありません。パソコンの活用技術は大人に頼ることなく、ほぼ独習で身に付けていきました。当時、子どもたちは「新商品の開発はともかく、パソコンの使い方は私たちの方が大人よりも上になったかな」と語っていました。開講当初、好奇心と不安いっぱいでスタートした子どもたちが、八か月後には、新しいことに挑戦してやり遂げたという自信と誇りに満ちた姿に変わっていたのです。笑顔で堂々と話をするようになった子どもたちの様子を見て、関わった周囲の大人たちも言い知れぬ大きな感動を味わうことになりました。

そして年度末の三月の最終日、コンペティションの最終結果が発表された当日の、閉講式における発表は感動的でありました。子どもたちは「六年間の授業の中で、一番記憶に残ったのが起業教育だった」「私も何か社会の役に立てるような気がしてきた。これからの人生が楽しみ」「私は将来、女社長になりたい」「私は女優になりたいと考えるようになった」など、次々と感想を述べてくれました。いずれの子どもたちもやり切った自信と誇りと喜びに、そして地域に貢献できたという思いにあふれ、今までにない経験ができた高揚感でいっぱいになったのでした。

起業教育は、子どもたちの心の成長を短期間のうちにもたらすことのできる授業であり、自立心や独立心を飛躍的に育てることのできた学びであったといえるでしょう。

（3）影響力の大きな教育

教育改革国民会議の答申の中で、起業家精神の涵養を図る教育の必要性が取り上げられたものの、文部科学省が直接、起業教育の導入を働きかけてくることはありませんでした。ただし当時は、各校における特色ある教育活動が奨励されるようになっていましたから、柳生小学校では特色ある教育活動の一つとして、次年度から正式に起業教育の導入を図ることにしたのです。しかし起業教育は最初の試みであり、いったん始まればその影響力は大きいかもしれないと考えていましたので、導入の準備を慎重に進めていきました。

例えば、仙台市の教育委員会が設定しているネット回線とは別に、他校にも迷惑をかけないように配慮して、新たに起業教育専用のインターネットの別回線を、外部支援者に手伝ってもらい用意したのでした。とにかく当時の私たちは「起業教育は時期が早い取り組みかもしれないが、絶対に必要になる時期が来る。やがて、時代が必ず追いかけてくるだろう」と、お互いに士気を鼓舞し合っていました。

やがて、「バーチャルカンパニー」の授業が中盤に差し掛かる頃になると、起業教育に興味を持った人たちが多数見学に訪れるようになり、「新しい時代が来たね」と励ましてくれるようになりました。しかし、思わぬ横やりが教育委員会から入りました。指導課のスタッフが校長室を訪れて、「起業の指導はまだ早いのではないか」と言ってきたのです。教育委員会にとって未知であった起業教育への世間の関心の高さに驚き、その先行きに不安を感じたようでした。そこで私たちは逆に良い機会と考えて、長時間にわたり率直に話し合いました。時代の変化と起業教育の必要性を伝え、また取り組み状況を説明して、支援をしてくれるように説得したのです。その結果、教育委員会のスタッフは「分かりました、先生の話す通りの時代が来ているのかもしれません」と引き下がってくれました。以後、起業教育は教育委員会に初めて認められた取り組みとなりました。第一の関門がクリアされたといえるでしょう。

起業教育の影響力の大きさは、当初の予想を超えるものがありました。地元TV、新聞、経済誌で取り上げられただけでなく、保護者や学区民からの支援の声が大きくなりました。さらにネット上でも取り上げられるようになります。読売オンラインのトップページに、子ども会社が誕生した記事が子どもの笑顔の写真入りで大きく紹介されるようになると、全国各地から、そして海外からも激励のメールが学校に届くようになりました。メールの一部を紹介すると、「私は中小企業の経営者だが、会社をたたもうと思っていたところ、子どもたちが起業教育に取り組んでいる笑顔の写真を見て勇気をもらった。私ももう一度チャレンジしてみる気持ちになった、ありがとう」と。また、東京の六年生からは「私も具体的な問題に取り組む起業教育を受けてみたい」と。ドイツにいる日本人からは「日本の子どもたちが元気なのを知って嬉しい」とありました。最初の起業教育は多くの人に祝福されて、無事にスタートを切ることができたのです。さらに、「起業教育バーチャルカンパニーの実践」の記録として文部科学省に報告したところ、文部科学省主催の平成十四年度のインターネット活用教育コンクールにおける特賞を受賞することができました。国もまた、起業教育の取り組みを認めてくれたということです。その後、国の創業ベンチャー国民フォーラムの要請でプレゼンテーションをするようになるなど、一学校が始めた起業教育が市民権を得て、全国各地に広がるようになりました。

（４）さまざまな可能性が見えてくる教育

起業教育が見せてくれた可能性は大きいといえます。例えば、商品開発に苦労している子ども同士の会話の中で、「僕は頭が固いのが分かった、いいアイディアがなかなか浮かばない」と語るのに対して、友人が「いつも成績がいいからって通用するわけないよ、違う頭も必要だよ」と激励していました。

またある時は、タイ製の和紙でできた紙袋を百円ショップで見つけた子どもが、その商品を買ってきて仲間の子どもたちに示して、「僕らの作っている製品は、もしかしたら百円でしか売れないのではないかな」と深刻な疑問をぶつけていました。それに対する周囲の子どもたちの答えが、「お母さんたちが持っているバッグだって紙袋でもかまわないのに、えらく高いヴィトンのバッグとか持っているよ。だから大事なのは素材が良くて、デザインの良い物を作ることだと思うよ。やはり日本製は、安い物では勝負できないのだから」などと話が続きます。

また「大安売りとか、適当に宣伝して売ったらどうなる」との疑問に対しては、「一度はそれでいいかもしれないが、それでは会社は続かないから終わりになってしまうよ。大事なのはずっと続けられること。そのためには、信用される商品を作ることが第一だと思うよ。いい物を作り続けるしかないよ」と答えていました。

値段設定を考えている子どもたちは、市場調査に出向いた和紙店で店長にインタビューしては、「原価は教えてもらえないと思うけど、一番買っていく人の年齢層や、一回で支払う平均の金額を教えてくれませんか」などと質問攻めにしていました。また最後には、「大人は何もかも私たちより知っているわけでないのが分かった。特にパソコンの技術は私たちとそう変わらないし、アイディア勝負では私たちもなかなかで、負けないかもしれない」というように、自信を見せたのでした。これが、バーチャルカンパニーで展開されていた小学六年生の実際の姿なのです。私たちは、子どもたちの心に芽生えた知恵や学びへの意欲、好奇心の大きさに、毎回のように驚き圧倒される思いで聞いていたのでした。

当時、子どもたちの成長する様子を見ていた保護者たちは、「子どもは自信がついてきたのか、一気に大人びて頼もしくなった気がする。また父親の仕事にも関心を寄せるようになって、父親に『お仕事、ご苦労さま』と声をかけるようになった。そして今では情報を得るためにニュースも見るようになり、買い物の際には原価まで気にするようになった」などと、成長する我が子の様子を嬉しそうに報告してくれました。

指導に当たっていた私たちも、最初は教師や外部講師の指導で動いていた子どもたちが、徐々に使命感に目覚めて意識が大きく変わり、チャレンジ精神を発揮して新しいコンセプトやアイディアを次々に生み出すことに夢中になるなど、全面的な子ども主体の学びが展開されていくことに驚かされたのでした。そこで私たちは、起業教育は従来の管理型教育の枠を突破した、まったく質が違う新しい主体性教育であることを確信するようになったのです。とにかく授業を通して自信を得たのは子どもたちだけでなく、開発に参加した教師たちや支援者も同じであり、それぞれが起業教育に大きな可能性を見つけることができた思いでした。

やがて子どもたちは卒業して中学校に進みました。そして中学校最初の夏休みの自由作文に書いたのが、ほとんどの子どもがバーチャルカンパニーの思い出だったそうです。中学校の先生から「忘れられない思い出として、みんながバーチャルカンパニーのことを書いているところを見ると、子どもにとって本当に面白い授業だったんですね」との感想をいただきました。

そして東日本大震災後、かつて柳生小学校で起業教育に取り組んだ学年の子どもたちのクラス会がありました。そして出席した旧担任は、「ほとんどの子どもたちが、今でも当時立てた将来目標に沿って進路を歩み続けようとしているのに驚いた。起業教育の影響が本当に大きかったなとつくづく思う」と報告しています。また私の場合も、退職後に柳生小学校の創立十周年記念式典があり、初代校長として出席する機会がありました。その際、かつてバーチャルカンパニーに参加した子どもがわざわざ訪ねてきてくれて、「校長先生、私を覚えていますか。私は今、東京の大学で経営学部に在籍しています。私の起業教育は今も続いていることを先生に報告したくて会いに来ました」と笑顔で話してくれました。

いかがでしょうか、起業教育の影響力は大きく、今でも子どもたち一人ひとりの心の中で大きな財産となっており、人生の進路にも生き方にも影響を与え続けていることが分かってもらえる話ではないでしょうか。

付け加えておくと、当時授業を見学していた保護者の母親グループも、子どもたちに倣い自ら和紙のプロジェクトチームを立ち上げ起業して、今も活動を続けています。まさにバーチャルカンパニーの取り組みは、子どもだけの授業に留まらず、実際にコミュニティ・ビジネスをも誘導したのです。

また、起業教育は教員だけでなく、支援に入ったり協働参加したりした人たちのそれぞれの立場からも、その成果を評価することができる取り組みであったことが分かります。例えば産業人は、子どもたちのビジネスマインドやビジネススキルが育つことを大きく評価していました。行政マンは地域づくりやコミュニティ・ビジネスに関心を示し、いかに地域づくりに有効な取り組みであるかを評価していました。自己啓発力の育成を重視する社会人は、個人のＩＴ活用能力やイノベーション能力を養う学習法として評価していました。そして教員たちは総合的な学習に導入する立場で、子どもたちの課題解決能力がいかに養われたかを評価していたという具合です。

とにかく、最初の起業教育となった「バーチャルカンパニー」の取り組みは、学校教育の立場だけでなく、それぞれの異なる立場の視点に立ってみても大きな成果を上げた取り組みであったといえるでしょう。起業教育の可能性の大きさに気づいてもらえたでしょうか。起業教育は従来の授業の範疇をはみ出すような、可能性の大きな取り組みだったのです。

（5）創造性が解放される教育

当時は、創造性の育成があまり話題にならない時代でした。しかし始まってみると、起業教育は最初から創造性の育成に役立つ教育であることが分かりました。起業教育は従来の教育の限界を突破して、これまで潜在的な能力に過ぎなかった創造性を直接解放することのできる教育だったのです。さらに、創造性こそ自分を守り育ててくれる大切な能力、自らを育てる財産でもあることを知らせてくれたといえます。

子どもの立場で考えてみると、起業教育は自分が主体となって最終解決を図らなければならない学習になります。普段の授業とは違い、最終的に教師を当てにできませんから、かなり自由な立場で、自己責任で学習を続けることになります。また商品の開発を図るテーマとして、今までにない新しい物を生み出さなければなりません。さらに自ら開発した作品は、外部に受け入れられるような商品として価値を持たなくてはならないのです。当然、子どもたちは自分の総合力を発揮して取り組み、考えつく限りのあらゆるアイディアを振り絞って生み出すことになります。

商品開発に取り組ませたのは、自分で創り出す物を、単なる自分の作品で終わらせないためでもあります。子どもたちが商品開発に取り組むことで、初めて消費者にあたる外部の視線を意識して、自分の作品を商品として提案していくことを覚えます。そして自分が生み出したアイディアや商品が、本当に通用するかどうかは提案してみなければ分からないということを知るのです。当然、真剣さが違ってくることになります。

起業教育は創造性の育成について、従来の教育にない学習の視点を教えてくれています。これまでは創造性の育成の名のもとに、一人ひとりに自由に取り組ませれば創造性は養われるであろうと素朴に考えて作品を創らせ、あるいは表現させてきました。しかし起業教育から見ると、単に作品を作っただけでは創造性の育成につながらないのではないか、ということが見えてきます。私たちが独創的な作品と評し、創造性豊かな人々と呼ぶのは、いずれも社会的に何らかの価値のある作品として、また価値あるものを創り出した人としての評価を得て成立していることです。私たちの周りには評価されない作品群がゴロゴロしていますが、それらを創造性豊かな作品とは呼ばないでしょう。起業教育は従来の視点を突き破り、子どもたちに、作品を作っただけで満足せずに、他の人に喜んでもらえる、あるいは役に立つような評価されるもの、価値あるものを作ることの大切さを教えているのです。起業教育が示す創造性は、課題解決を図るためにアイディアを絞り、作品を生み出すことに留まらず、さらに、外部評価に耐えうるもの、新しい価値として評価されるものを創り出すことが大切であることを教えているといえるでしょう。

起業教育を通して、子どもたちの中に眠っていた創造性が揺り動かされる、解放される取り組みになっていると思います。

二　広がる起業教育の東北モデル

やがて最初の起業教育は、創業ベンチャー国民フォーラムからも支持を受けるなど広く知られるようになり、起業教育への期待は次第に大きくなっていきました。そこで私たちは、翌年の平成十四年度から、仙台市立柳生小学校の六年生の総合的な学習の中に、初めて起業教育を採り入れました。授業はバーチャルカンパニー経験者の先生方を中心に、外部講師に頼らず、六年生の四クラスの先生方だけで取り組みました。地域の活性化を目的にしたテーマは、「地元の柳生和紙と、栽培した紅花を活用した新商品を作り、販売体験をする」ことでした。六年生の子ども会社の十三社が、決められた資本金を元手に、地元の柳生和紙と、子どもたちが住民から借りた農園で栽培し収穫した紅花を使い、さまざまなかわいらしいお土産や飾り物などの新商品の開発に当たりました。その後、各子ども会社は、でき上がった商品を自作のホームページ上で事前に紹介していきました。そして十月の休日、仙台市内の中心繁華街である一番町の真ん中に、机の上に自作の商品を並べて店を開き、実際に販売したのです。子どもたちがテーブルの上に多様な商品を並べて、行き交う人々に向かって「私たち子ども会社が作った商品です、どうぞご覧ください。また、よろしければお買い求めください」と全員で声をからしてアピールし、見事に完売してみせました。そして、子どもたちは大きな達成感の中で歓声を上げ、販売体験を終了したのでした。

その後の反省会の中で、各社の収益金は、子どもたちの考えで、資金不足で苦しんでいた地元の冬の祭り「光のページェント」の実行委員会に全額寄付して、起業教育の授業を終えました。これが、商品開発から販売体験に至るまでをリアルに一貫して行った最初の起業教育の授業となりました。振り返ってみると、バーチャルカンパニー同様に、子どもたちの普段の授業では見られない達成感に満ちた、しかも自立心と自信が大きく養われた授業となりました。

これらの結果から、小学生の段階から総合的な学習等を通じて起業教育を行うことが可能であり、地域協働の授業としても有効であることを証明したといえます。しかも保護者・地域・世間からも広い支持を受けるなど、起業教育は市民権をも得たといえるでしょう。これまで金銭教育や金融教育が知識だけの教育になりがちな中で、子どもたちが実際に経営する視点で金銭の使い方をも学ぶことができたのは、大きな収穫でした。

やがて、この学校発の起業教育が東北経済産業局等を通じて、子ども会社が地域素材を活用して商品開発から出店販売までをリアルに行う東北モデルとして各地に紹介されるようになると、各地の小・中・高校でも、地域づくりに役立つ教育として期待されて、さまざまな思いを込めた取り組みが始まりました。

私が次に転任した仙台市立太白小学校では、平成十五年から起業教育に取り組みました。太白小学校では、人口減少で苦しんでいた太白団地に元気を取り戻すため、学区住民と協働で、柳生小学校の子ども塾同様に太白アフタースクールを開講して、その中にも起業教育を導入しました。そして太白小学校の起業教育は、総合的な学習のテーマを「太白のまちを創ろう」に設定して、団地の裏山にあるいらなくなった杉の間伐材などを使い、六年生が中心になり、自然の恵みを利用した太白ブランドの商品開発を図りました。子どもたちは住民の知恵も借りながら、さまざまなユニークな商品を開発して、区民祭りで出店し販売体験をしました。そして完売してみせた子どもたちから万歳の声が沸き起こるなど、柳生小学校同様の成果を上げることができました。

さらに翌年は、六年生が社会貢献を目的にした社会起業モデルの子どもＮＰＯを作り、取り組みました。仙台市の施設である太白山自然観察の森公園に協力を申し出て、子どもたちが自然観察会を企画し、自ら子どもガイドとなって案内する事業を展開したのです。また、特別支援クラスにおいても起業教育の視点を入れて販売体験を行っています。また、低学年の二年生においても起業教育の考え方を取り入れ、近くの幼稚園に出かけて二年生自作の紙芝居会を行うなどのプロジェクト型学習を実践しています。そして平成十六年度に仙台市立太白小学校において、おそらく日本最初の起業教育の自主公開授業を行い、他県からも多くの先生方が集まりました。太白小学校の取り組みは、柳生小学校の流れを引き継ぎ、その成果をさらに高める内容となりましたが、太白地域の住民もまた柳生地区同様に、支援に当たってくれたのでした。

当時の町内会長が、「起業教育から、地域も運営するのでなく経営しなければならないことを学んだ。守り一方では地域は守れない」と語っていたのが印象に残ります。とにかく仙台市立柳生小学校と仙台市立太白小学校の五年にわたる取り組みを通して、起業教育東北モデルができ上がったのです。この間に、両校には全国から多くの参観者が訪れました。また、韓国の光州市からも先進国教育視察団として、研究者を含む二十四名が突然訪れて、資料を持ち帰って行きました。私自身も北海道から九州まで、各地から講演依頼を受けています。研究者によると、平成十八年には全国で延べ人数二万人を超す児童・生徒が体験していると予想されるなど、各地に起業教育が広がりを見せていきました。

三　見えてきた起業教育導入の問題点

起業教育の東北モデルが紹介されるようになると、平成十五年頃から各地で、学校単独でなく北海道や宮城県のように知事部局主導で、あるいは市町村の教育委員会主導で取り組む学校が増えていきました。しかし、その頃からキャリア教育の導入が始まります。また追いかけるように、新たに学力向上の問題が表面化してきました。そして外部環境が変化してくるとともに起業教育の普及も進まなくなり始め、やがて平成二十年代に入ると長期の停滞期に入り、今日に至るのです。

ただし、東日本大震災以降になると、状況が少しずつ変わり始めてきており、現在は起業教育に対する関心が再び高まってきている段階にあるといえるようです。

そこで、今後の第二段階の新たな起業教育の展開に結び付けるために、これまで各地の取り組みから見えてきた起業教育の問題点を整理しておきたいと思います。

主な問題点を二つ挙げることができます。①起業教育の狙いが明確でなく、途中から狙いが見えなくなる取り組みの問題と、②変わらぬ先生方の意識の問題です。

（1）狙いが見えなくなる問題

最初の起業教育が、地域活性化をテーマにした取り組みの東北モデルとして紹介されるようになると、各方面から期待が寄せられるようになりました。そして柳生小学校の取り組みをマニュアル化して広めるようとする会社も現れました。さらに民間だけでなく、地域振興を考えていた行政や商工会等も関心を持つようになりました。当時は、長期不況の最中にあり、民間や行政も仕事を創り出して雇用を増やすことに関心がありましたから、即戦力となる起業家を育てるためのヒントを求めていたのでしょう。そこで、地域にアピールしたいと考えていた町や、北海道や宮城県のように自治体挙げて起業（家）教育の導入を試みるところが出てくるようになりました。

ただし、期待先行で、しかも行政主導で起業教育が導入されるようになると、起業教育の本来の狙いが見えない取り組みが増えていったのです。もともと、起業精神の必要性を感じたこともない受け身な先生方が、急に行政に指示されるままにマニュアル化されたプログラムをこなすだけの学校が現れてきます。指令を出した教育委員会や指導主事も問題意識が希薄であり、キャリア教育と起業教育と起業家教育の違いも整理できていません。ましてやビジネスにも疎いため、指導ができないのです。そうなると、起業教育を展開する主体は一体誰なのか、行政なのか学校なのか、外部の商工会等なのか、さらに、実際の起業家を育てるためなのか、子どもの起業精神を育てたいのか、子どもにまちづくりの手伝いをさせたいだけなのかも見えなくなっていきました。当時は本来の狙いを忘れたような、名ばかりの起業教育も目立つようになっていたといえます。

ある教育学者が「起業教育は、会社ごっこや販売体験のことだ」と語っていましたが、とにかく皮相なマニュアル化されたプログラムが一人歩きして、仕入れてきた商品や町の特産品を、子どもに販売体験をさせて終わったり、学校が主体性を放棄して外部の支援者に丸投げしたりする事例なども目につくようになっていました。

私たちが起業教育に託していたのは、外部の力を借りることがあっても、あくまでも学校が主体性を持って子どもたちの起業家的精神（起業精神）の育成を図る自立のレッスンとなる学習でありました。いかなる状況下や時代の変化にあっても、たくましく自らの人生を切り拓いていくような自立した子どもたちの育成であり、一人ひとりの創造性を解放するトレーニングとしての役割でした。しかし当時は、起業家教育と起業教育の違いも理解されず、また理論化も進んでいなかったこともあり、起業教育の狙いを忘れたような形だけの取り組みが、期待先行で各地に広がっていたといえます。

起業教育はさまざまな可能性がある教育であると紹介してきたように、ビジネスのスキルを育てることができます。あるいは、地域づくりやコミュニティ・ビジネスの育成に役立つ教育であるのは間違いありません。ただし、それらが起業教育の主目的ではないのです。あくまでも起業教育の結果、付随して養われる力であることを忘れてはなりません。

しかし黎明期の当時は、行政も期待先行で焦るあまりに、仕事づくりや地域づくり優先の事業に子どもを参加させるためだけに起業教育の名を使うといった、倒錯に近い現象が起きていたように思います。

導入期は多少の混乱はやむを得ないのかもしれませんが、その背景ではまだまだ起業教育の歴史が浅いこともあり、起業教育の意義や狙いなどのコンセプトそのものが十分に理解されないまま、期待先行で広がっていったことが、混乱の原因となったのではないかと思います。また当時は、起業家教育と起業教育の違いも十分に整理されていなかったことも、混乱の主要な原因の一つだったといえるでしょう。

もともとアントレプレナーシップ教育の中には二つの異なる路線が混在しているのを紹介してきました。そこで現在は、当時の混乱から学び、その二つの教育の狙いの違いを明確に分けて、プロの音楽家を育てる音楽家教育と国民の中に音楽文化を広げる音楽教育が違うように、プロの起業家やベンチャービジネスの育成を目的にした起業家教育と、広範な国民の起業精神の普及を図ることを目的にした起業教育との違いを整理して取り組むようにしているのです。

ただし、日本では現在もこの二つのコンセプトの違いが十分に意識されることなく、普通にアントレプレナーシップ教育は起業（家）教育として曖昧に使われているのは問題であると思います。これからの取り組みを、焦点の絞れない取り組みにしないためには、起業家を育てている起業家教育なのか、起業精神の涵養を図る自立のレッスンとしての起業教育なのかを明確にして取り組む必要があるでしょう。

（2）教員の意識の問題

もう一つの問題は、先生方の意識です。指示されない限り動かない、受け身の姿勢の教員が多すぎることが問題なのです。ほとんどの先生方はサラリーマンであり、しかも身分保障された公務員が多いこともあり、今も時代の変化に疎く、起業精神の必要を感じていないようです。起業教育に参加した学校の多くが、学校が独自に取り組んだのではなく、行政の指示で取り組みを始めたところが多いのもそのためでしょう。

とにかく、多くの先生方が今でも総合的な学習を苦手としているように、起業教育を進める上で障害になるのは、先生方の主体性の欠如の問題です。総合的な学習の問題と、根は同じといえます。起業教育の必要性を考える教員は相変わらず少数派であり、今でも流れを作れていない実態があるのです。この問題の根は深く、日本には子どもの指導以前に、教師自身の依存意識が強くて、新しい試みになかなか手を出せない問題があるのです。

私は長年、大学の授業の中で毎年、百名ほどの大学生を対象に、総合的な学習についての聞き取り調査をしてきました。その中で、総合的な学習を評価して思い出に残る学習であったと認める学生が一割もいないのにいつも驚きます。まったく何をしていたのか分からなかったと答えるのが半数。残りは覚えていない、つまらなかったという回答であり、毎年似たような傾向は変わりません。そこで質問を変えて、総合の時間で一体何を学んでいたかを聞いてみると、「何やら学校行事などの準備の時間に当てていた」「内容の決まっていない自由な時間だった」「自習の時間、他教科の時間だった」といった声が多く、中には「毎時間、数学の時間だった」という学生までいました。総合的な学習が実質的に行われていない学校も多いことが分かります。その辺を、現役の管理職の先生方に聞いてみると、学校には総合的な学習の年間指導計画はあるけれど、実際にどう取り組まれているかの実体は分からないとのことでした。これをどう解釈したらよいでしょうか。また、私がこれまで聞いた学生の中で、起業教育の経験者はゼロでした。

また、勤務歴十年の先生方を対象にした研修講師を三年続けましたが、その中で平成十八年に改正された教育基本法を読んだことがあるかどうかを質問したところ、毎回百名を超す受講者の先生方の中で、手を挙げるのは十人にも満たない結果でした。働き盛りの先生方が、これからの教育の動向に関心を持っていないことに驚いた私は、先生方に向かって「もし先生方の子どもさんが、教育基本法も読んだことがない先生方に教えられているとしたらどう感じますか。不安を感じませんか。満足していられますか。これからは、先生方も他人の子どもを育てていると思わないで、自分の子どもを育てるような気持ちで、次世代の主人公となる子どもを教えてもらえませんか。これからの教育に何が求められているかを考えて、今の受け身の姿勢を見直してくれませんか」と話してしまいました。とにかく先生方の先見性のない受け身の姿勢、自らの姿勢を変えられないぶら下がり意識が、教育界のネックになっているのは確かでしょう。校長職をはじめ管理職クラスの先生方も同様で、教育委員会の指示がない限り動かない、また教育委員会もリスクを取りたがらないといったように、教育界全体が自らチャレンジしない体質であることが日本の教育の問題であることを付け加えておきたいと思います。

子どもたちの主体性を育てるために、現在文部科学省は、探求型学習やアクティブラーニングの導入を薦めていますが、主体性のある先生方がいなければ、子どもの主体性など育てられるわけがありません。子育て以前に、教師の意識をいかに前向きに主体的に変えていくことができるのか、教育界全体の体質改善が問われているといえるでしょう。

暗い話になりましたが、そもそも最初の起業教育を始めたのは現場の教員からであったように、全国の教育の現場にはいつも前向きに頑張っておられる先生方が多数散らばっていることも報告しておきたいと思います。ただし、彼らの努力が各学校の中で孤立してしまうことが問題なのです。

校長当時の私は、全職員に対して「パソコン技術の得意な先生はいつも少数だが、やがて彼らの指導を得て全体のレベルが上がっていくように、新しい試みはいつも少数から始まり、やがて全体に広がるのが歴史の常です。だから、私たちは先鞭をつける者を大事にしなければならないと思う。そこで起業教育の場合も、今の自分が理解できないからといって絶対に邪魔はしないようにしよう」と、無関心層の先生方にも協力を呼びかけていたのでした。とにかく、起業教育に積極的に取り組んでくれた先生方の特徴を挙げておくと、教員以外の職業体験がある方や社会的関心の強い意欲的な教員が多かったのは確かです。また当時は、北海道から静岡県にかけて東日本を中心にした各県から、数多くの若い先生方が起業教育の話を聞きに訪れていました。彼らも孤立を恐れずに自校での導入を試みているだろうと思います。彼らが活躍できるような環境や支援体制をぜひ、国もつくってほしいと願います。

第三部　起業教育のモデル

第五章　起業教育とは何か

起業教育がどのようにして始まり広がっていったのか、さらに見えてきた問題点について書いてきました。ここからは、起業教育の実践の中でモデル化された起業教育について紹介してみます。

一　起業家を評価しない日本の社会

最初に触れておかなければならないのは、起業率の低い社会の問題です。日本には千年以上の歴史がある企業の金剛組が存在するように、世界の中でも、ゆうに百年を超す歴史ある老舗企業が最も多い国として知られています。しかし近年は、残念ながら新しく起業して大きく成長を続けるような企業が少ないのです。その背景には、日本の社会全体から進取の気風が失われたことがあるのでしょう。そして今は、チャレンジ精神を高く評価しない受動的な利益獲得型社会、横並び意識の強い社会があると考えられているようです。とにかく問題点を挙げてみると、①日本は依然として起業率の低い社会であること、②社会全体がいまだに学歴や大企業への依存意識が強すぎること、などが挙げられます。

現在は、価値観も多様化して世の中も変わってきたと言われてはいますが、それでも社会には、一流大学から大企業への就職が人生の成功プランであり、最も安全な生き方であるという神話が今も根強く生き続けているといえるでしょう。そのため学校教育の中でも、依然として受験勉強が教育の最優先の課題として一人歩きをしているわけです。残念ながら、語られているほどにベンチャー企業が育っているわけでも、チャレンジしていく若者が増えているわけでもないように見えます。

（1）起業率の低い社会

総務省による平成十五年の世界各国の起業率の比較調査結果によると、日本の起業率は三パーセント未満と、世界最低水準を記録しています。その他にも、アメリカとイギリスの研究者が中心になって組織されたグローバル・アントレプレナーシップ・モニター（G

EM）調査（二〇〇九～二〇一一）では、日本の起業率は先進国の中でも最低の三パーセント台であり、アメリカの九パーセント台に遠く及びません。新興国はさらに高いことを考えると、日本は依然として起業家が育たない社会であるといえるようです。

近年、産業界では良いものを作り続けるだけでなく、これからはいかに新しいものを創り出すかが大切であるとして、企業の体質改善を図る流れや、起業家を輩出する社会への構造転換が待望されるようになりました。そして国のベンチャー育成の支援策が設けられて、各種の起業家育成セミナーも多くなり、参加者も増えてきているようです。しかし実際に起業する人となると、まだまだ少ないのが現実でしょう。思ったほどに日本の起業率が伸びないのも、これまで国民の間で、若い時から起業精神という根を育てられずにきたことに関係があるのだろうと思います。

（2）依存心の強い社会

若者の学歴信仰とともに、大企業や公務員への就職を希望する意識がいまだに根強いように、社会には権威や安全神話への依存意識が、相変わらず続いているようです。起業率の低い社会の背景には、大きな組織に対する依存心、ぶら下がりの精神が隠れているといえるでしょう。

ところで、現在進行しているテクノロジーの進化にともなう情報化や国際化が進む社会とは、絶えざる競争にさらされている社会であり、これまで続いてきた人生の成功モデルが必ずしも通用しなくなってきた社会のことでもあります。さらに今後、第四次産業革命の時代と呼ばれるＡＩやロボットの導入が一段と進む社会とは、現在ある多くの仕事が姿を消して入れ替わるだろうと予想されている社会のことでもあります。

もはや大学や大企業のブランド力が若者の一生を支配し保証する時代ではなくなってきているといえるでしょう。これからは、若者だけでなく誰もが、激しく変化していく時流に十分に対応できる力を、自らの責任で養っていかなければならない時代が見えてきたといえそうです。また、これまで技術立国として繁栄を築いてきた日本の立場も決して安泰ではないことを考えると、特に若者は、ぶら下がりの精神からいち早く脱して、自らの能力を磨いて人生を切り拓いていくことを良しとする起業精神に目覚めてもらわなければなりません。起業教育が必要な時代が改めて見えてきたといえるでしょう。

二　起業教育の定義

起業教育の主目的は、ベンチャー企業の育成や、特別な起業家の育成にあるのではありません。子どものうちから実社会を舞台に、産業や職業にも触れながら実践的に学ぶのが起業教育の特徴であると言われているように、あくまでも一人ひとりが生きていくのに必要な、起業精神の涵養を図る学びであり、自らの生きる力を育てる自立のレッスンとなる学びです。

つまり、①学習者にとっては、さまざまな課題に主体的に関わりながら生きていくのに必要な自立のためのレッスンであり、②社会的な側面から見ると、「起業精神に富む人材を育成して、幅広く社会の起業文化の普及につなげていこうとする学び」になるといえます。

そこで、起業教育を次のように定義してみたいと思います。

起業教育の目標

「一人ひとりの起業精神の涵養を図るとともに社会人力を養い、創造的な文化の発展につなげる教育」

できるだけシンプルにしてみましたが、説明が必要でしょう。

○**「起業精神」とは、創造的なチャレンジ精神のことを指します。**

個人によって差がありますが、創造的チャレンジ精神は本来誰もが潜在的に持っている資質であり、自らの夢をかなえる原動力となる資質であると考えられます。普段の私たちは、さまざまな場面で小さなチャレンジを積み重ねて、一つ一つ成功体験を得ながら自信をつけていくのが普通です。そして、何らかの課題解決を図るために、目標を設定してその実現を図ろうとするなら、チャレンジ精神はいっそう創造的なチャレンジ精神となって成長をしていくといえるでしょう。直接的に言うと、単なるチャレンジに留まらず、起業家のようにさらに進んで創意工夫して目標の実現を図ろうとする時に、起業精神（創造的なチャレンジ精神、あるいは起業家的精神）が養われていくということです。さらに起業精神の延長上に起業家としての自覚と目標を持って、具体的に取り組みを図るようになる時、本物の起業家精神が養われたといえるのでしょう。

○「養われる社会人力」とは

一人ひとりの心の中に、課題解決を図るための起業精神（創造的なチャレンジ精神）が起動し始めると、私たちは、自ら進んで情報を収集したり処理したり、また、仮説を立てて発信するなど、一連の情報処理能力を高めるようになります。さらに、新たなものを生み出すためにはアイディアが求められるようになりますから、それまで潜在的能力に過ぎなかった創造性に火がつくことにもなります。また、社会参加して実践的に実態経済にも触れながら学ぶため、ビジネスに関する知識が増え、知的財産文化や起業文化に対する理解も深まるなど、やがては社会人として必要になる能力が早くから養われるとともに、ものの見方や感じ方、新たな世界観も養われるといえるでしょう。養われる主な能力を整理しておくと、以下のようになります。

◇自ら情報を収集して分析する力や情報発信する力
◇企画したことを表現し、伝えるために必要なプレゼンテーション力
◇自己責任で決断し実行する力、リーダーシップ力
◇目標に向かって仲間と協力し合うコミュニケーション力、チームワーク力
◇アイディアを生み出し提案することのできる創造力
◇地域理解と郷土愛、社会貢献する意識
◇知的財産文化に対する理解
◇自立心、自己学習能力

いずれの力も何かを始める、事を起こすのに必要な力といえます。起業家としてはもちろんのこと、社会人になるに従いますます必要になる力ですが、すべての子どもたちも自立する過程において必要とする力であり、普段の教室での受け身の勉強や座学からは得られない力といえます。

○「創造的な文化の発展」とは

起業教育は学校教育が苦手にしてきた、創造性を育てるのに役に立つ教育です。これまでの学校教育は、既知の知識を伝える学びに優れてきましたが、新しいものを生み出す学びは得意ではありませんでした。しかし起業教育は、これまでの学校教育の枠を破り、新しい価値を生み出す学びに挑戦させます。そのため創造性が解放されるようになるのです。起業精神が高まるほどに、創造性もまた高まるといえます。そこで、早くから起業精神に富む人材の育成を図ることができれば、個人の生きる力を育てるとともに、さらに社会全体の創造的な文化の底辺を広げることにもなり、創造立国日本の発展に役立つことができるだろうと考えているのです。

三　早期導入が必要な理由

ところで起業教育導入がふさわしい時期についてですが、すでに小学校の低学年の段階から独立心、想像力、企画力、リーダーシップが養われ始め、やがて高学年の五・六年生の時期になると、最もアイディアに富む可能性豊かな時期であることが確かめられています。つまり、小学生の高学年の時期から、早期に創造性の育成に役立つ起業教育の導入が必要であると考えられる理由になっています。私たちが実践したバーチャルカンパニーの事例からも、小学五・六年生の時期から十分に取り組めることが分かります。

また、起業教育的な外部評価を取り入れた小学二年生の子どもたちの授業で、国語の時間に自ら作った紙芝居の作品を、近くの幼稚園で発表をするプロジェクト型の学習にしたところ、年下の子どもに笑われたくない二年生の子どもたちは、何度も紙芝居を自ら描き直して練習を重ねて当日を迎えるなど、自立心が高まることが分かりました。さらに特別支援学級においても、学級菜園で収穫した野菜を出店して販売体験させたところ、四・五年生の子どもたちは自ら接客して計算もして完売してみせるなど、日頃は見られないチャレンジ精神を発揮して取り組めることが分かりました。とにかく、社会に働きかけて学ぶ起業教育的な学習が、自立心を高めるのにどの学年においても役立つことが分かります。

現在、起業教育を実践したことのない教育学者や指導者が、起業教育を教科指導と同様に階層化して、小・中・高校と各段階別に分けて教えることを奨めていますが、まったく根拠のある話ではありません。小学校の六年生の段階はすでにミニ大人であり、地域や経済に関わることも普通に理解できるだけでなく、さらにアイディアに最も富む時期でもあることが立証されています。むしろ中学校・高校へと進むにつれて点数による序列化が進むと、子どもの思考の幅が狭まり始めて、常識的な思考から抜けられなくなるなど、チャレンジ精神やアイディアにも乏しくなる傾向が見て取れます。年齢とともに自由に考えることができなくなり好奇心も薄れ、創造性が萎えてしまう若者も多くなるのです。起業教育を高校の段階で初めて触れさせるのでは遅いといえるでしょう。チャレンジ精神やアイディア豊かな時期にこそ、早期から起業教育の体験をさせることが大切なのです。

また、実際に起業教育を体験したいと希望する高校生は多いのですが、しかし普通校、特に進学校においては受験勉強以外にまったく関心がないようで、当然、学校は起業精神の必要を考えたこともありませんから、彼らが起業教育を体験する可能性はほとんどなくなります。起業精神とか創造性への関心をまったく示さない受験校に対して、ただし実業高校などにおいては、地場産業を興す授業の一環として導入を図る学校も見られるようになりました。

ともかく、小・中・高校いずれの段階においても起業教育を体験させて、思い切り若者の自立心を育て、創造性を解放して育ててやることが大切であるといえるでしょう。

四　テーマの設定について

学習の全過程を支配するテーマの設定は重要です。起業教育のテーマは社会に向けた自立のレッスンとなり、一人ひとりの起業精神（創造的なチャレンジ精神）が育つように考えてテーマ設定がなされる必要があるでしょう。

テーマ設定における大切な視点を二つ挙げておきます。①子どもの力を実社会に育ててもらうために外部評価してもらうこと、②子どもが社会に役立ち貢献することができることです。

もう少し詳しく説明しておきます。

人の自立心は実社会に触れて養われます。そこで起業教育は、子どもの自立心を育てるためには、早期から教師の評価だけではなく、実社会の評価を得て学ぶ必要があると考えます。例えば自己紹介する場合、自分の名前を伝えるだけで済ませるのではなく、相手に自分を覚えてもらい、良い印象を持ってもらえるために必要なことを考えさせます。また発表をさせる場合は、ただ一方的に表現させるのでなく、相手に十分に伝わるプレゼンテーションになっているかどうかを考えさせて、資料の内容や話の組み立てを振り返らせながら挑戦させてみるのです。とにかく社会に鍛えてもらう視点を大切にして、外部評価の視点を早くから意識させて、自分が実際に社会に通用するかどうかを考えさせて育てるのです。

もう一つの大切な視点は、子どもが知恵やアイディアを駆使して社会に役立つことができる、貢献することのできる学習にすることです。本来子どもは、自分も何かに役立ち貢献したいと思い、他人に喜んでもらえることを心の底から望んでいます。もしそれが可能になるなら、子どもたちの自信が大きく育つのは間違いないでしょう。しかし普段の授業は、サービスを受ける側の立場の受け身の授業が中心で、必要以上に子ども扱いされているといえます。

そこで起業教育では、子どもに社会に役立つことができることを自覚させるために、進んで周囲の問題、あるいは地域の課題に挑戦させます。例えば、住民にも喜んでもらえる学習テーマである「きれいな街を創ろう」「地域の○○まつりを成功させよう」「地域の活性化を図る新しい特産品を作ろう」といったテーマに取り組ませるのです。いずれの場合も、子ども一人ひとりに自分が社会に通用して貢献できているかどうか、本物の力が養われているかどうかを確認させて、子どもの自己評価や自信を育てる、自立心の育成につなげようというわけです。

起業教育のテーマは一律ではなく、子どもの発達段階や環境に合わせて変わるのは当然です。そこでテーマ設定の際の目安を書いてみると、次のようになるでしょう。小学校中学年までの段階は、子どもを取り巻く身近な環境社会に貢献するテーマ。小学校高学年から中学生の段階は、子どもが地域社会の課題を解決するために地域貢献を図る立場となるテーマ。高校生の段階では、高度の志を持って地域社会に必要なビジネスを興す、あるいは何らかの社会全体の課題解決を図る取り組みをテーマにするのがよいと思います。とにかくどの段階のテーマも、個人と社会全体の幸福が両立し、協働で取り組めるテーマ設定にしていくことが大切です。

現在、日本の子どもたちの多くが社会に触れあうことのできない生活を強いられていま す。自我の形成期でありながら、家庭と学校と、せいぜい習い事の間で時間を費やすような孤立しがちな内閉的な生活スタイルは、子どもたちを自立できない依存状態のままに置くだけでなく、体力の衰えにもつながります。近年、自立心や独立心に乏しい大人しい若者が増えていると言われるのも、その辺りにあるのかもしれません。

とにかく起業教育すべての取り組みは、依頼心や依存心とは真逆の、子どもたちのたくましい自立心を引き出し、起業精神を育てるために考え出された取り組みであることを、改めて強調しておきたいと思います。

五　起業教育の各種プログラム

実際は、多種多様な起業教育が考えられますが、今まで行われてきた事例を大きく三分類して、以下のように整理してみました。

(1) プロジェクト型

プロジェクト型の典型モデルは、経済活動よりも社会奉仕や社会貢献事業をメインテーマに行われるプログラムです。NPOや社会起業の活動をモデルにした取り組みやすい起業教育ともいえます。

例えば、集められた資金の中で、子ども委員会（子どもNPOなど）が地域の課題解決を目指したプロジェクト活動やイベントに取り組む事例の場合です。子どもたちは自らイベントを企画して実行する際、アイディアを駆使して取り組むことになります。また、さまざまな関連団体やグループと連絡を取り合ったり調整してまとめたり会場を準備したり、並行して宣伝活動を行ったりと、けっこう力がいります。そのため、アイディアだけでなくリーダーシップやチームワーク力が特に養われるなど、有効な取り組みでもあります。取り組みやすいモデルですが、定番のイベントになりやすく、創造性の育成という面から見るともの足りないかもしれません。あくまでもビジネスモデルに至るまでのつなぎの起業教育といえるでしょう。

　このプロジェクト型の起業教育は、どの学年でも取り組むことが可能ですが、報告事例は意外に少ないようです。子どもたちがネットを活用してまち紹介の広報活動を行い、各商店のホームページの立ち上げを手伝った広告代理店活動。小学生が地域紹介のシティセールスに取り組むため「こどもＮＰＯ地域応援団」を組織して、まち紹介のジュニアガイドを務めた活動。中学生が地域に出かけて住民向けの出前講座を披露した事例。高校生グループが企画した地域祭りの開催などがあります。また、ＯＥＣＤと文部科学省が協同で支援して取り組まれた、ＯＥＣＤ東北スクールのプロジェクト学習、震災後の東北の高校生が復興した東北の姿をパリ市で紹介した取り組みも、この範疇に入るでしょう。

ＯＥＣＤ（経済協力開発機構）では、これからは国内だけでなく地球規模での課題解決を図ることのできる人材、国際的に活躍できる力であるグローバルコンピテンスを有する人材の育成が大事であると考えており、英語とＩＴを活用して国を越えて取り組む新たなプロジェクト型学習の取り組みを提案しています。そして日本からもＯＥＣＤの日本イノベーション教育として参加するようになっています。ただしこのプログラムは、普通の学校が国や国際機関、グローバル企業等の支援なしに取り組むのが難しく、ハードルが高いのが問題です。

とにかくプロジェクトスタイルの教育は応用がきき、起業教育を意識せずに普通に取り組めるのが特徴です。ただし、外部評価を受ける視点、社会貢献を図る視点は忘れてはならないでしょう。

（２）バーチャルカンパニー型

会社の商品開発を仮想体験する起業教育です。資金がほとんどかからないため取り組みやすいモデルです。ビジネスモデルの入門編にあたるといえます。

子どもたちの会社がコンペティションに参加して、課題となるテーマを解決するためにアイディアを出し合い競い合う取り組みが一般的です。例えば、与えられたテーマに沿って、各子ども会社が新商品の開発にあたり、試作品を作って競い合います。また、デザインや新しい企画書を作って競い合う場合もあるなど、お互いのアイディアと仕上がりなどを競い合います。そして、その成果を専門家や実際の起業家などの第三者に評価してもらうスタイルの学習になるのが通常です。とにかく実際の会社が、入札などのさまざまなコンペティションに参加して、各会社独自のアイディアをプレゼンテーションして競い合うのに似ています。

会社経営を借りたスタイルの学習ですが、子どもたちのレベルに応じて実態経済や会社経営についても触れながら、同時並行して学習を行うことが可能です。また、新たな商品やデザインなどの開発を図るために、実際に起業家やデザイナーのような、その道の専門家を招いて話を聞いて指導を受けることも大切です。さらに、発想力を育てるために、ブレインストーミングやKJ方式、マインドマップなどの手法を体験させてアイディアをまとめさせたり、さまざまな取り組みを入れることも考えられます。特に大切なのは、最後に第三者から外部評価を受ける取り組みであることです。いかにアイディアが豊かでユニークな作品に仕上がっているか、人の役に立つ商品や提案になっているかを、プレゼンテーション能力も含めて評価してもらうことが重要です。
　とにかく、最初の柳生小学校の起業教育がバーチャルカンパニーであったように、バーチャルカンパニーからスタートした取り組みから、リアルな商品開発につながることもあるなど、取り組みやすく可能性も高いプログラムでもあります。また、ネットワークをフルに活用し、英語を使って展開するようになれば、子どもたちのアイディアだけでなくコミュニケーション能力や情報活用能力をも同時に養うことができますから、ＯＥＣＤが次世代の学びとして推薦するグローバルコンピテンスを養う教育としても役立つでしょう。

〈バーチャルカンパニーの流れ〉

現在、バーチャルカンパニーが盛んな京都では毎年のように、各校のバーチャルカンパニーが一堂に会して成果を競い合うトレード・フェアが開かれており、小学生から大学生まで参加しています。

（3）ビジネス・会社経営型（基本形）

会社経営に倣い、実際に商品開発のモノづくりから販売体験に至るまでを通して学ぶリアルなプログラムです。世間では東北モデルとして知られている典型的なビジネスモデルの起業教育です。平成十四年、仙台市立柳生小学校の子ども会社が最初に地域の活性化をテーマにして地元の和紙とハーブを使って商品を開発し、仙台市の繁華街一番町で出店販売して収益を上げてみせたのが、日本最初のビジネスモデルの事例であり、東北モデルとも呼ばれています。

このモデルは実際に商品開発に取り組みますから簡単ではありません。しかし参加者の達成感が大きく、起業精神と創造性が飛躍的に高くなるなど学習成果の分かりやすいプログラムで、完成度の高い起業教育といえます。また、地域の素材を活用して新商品を開発することから、地域づくりの起業教育として知られるなど、地域への影響力が大きいのも特徴です。

この取り組みは、実際に地域の祭りなどに参加して出店販売するなど、全国各地の小中高校でなされる代表的なモデルになっており、地元商店会や行政による支援も大きくなります。このビジネスモデルは、地域の特産品やモノづくりに限らず、取り組むテーマをさまざまな催しものやサービス業に入れ替えて行うことができます。

テーマ設定は、会社の利益を上げるだけの取り組みよりも、地域との共存共栄を図る立場で起業活動を行う方が適しているようです。

東北経済産業局が主催していた、地域の特産品の成果を競い合う「発明王コンクール」では、アイディアだけでなく、実際に開発された商品も競い合いました。小学校が開発したひまわり油、八戸市少年少女発明クラブが開発したユニークなお土産品、高校生の部門では、町の名物商品、新たな食材の商品、町の観光プランの開発、今までなかった白いリンゴや黄色いサクランボなどを開発しており、実際に商品化して販売にもこぎつけています。また、ネットを使わない簡単な事例も多く見られます。学校以外の取り組みでも、公益社団法人発明協会の指導で地域の少年少女発明クラブが創造性育成の事業の一つとして行った、子どもがまちの課題解決に取り組む「お助けキッズ」の活動はユニークです。例えば街紹介のフリーペーパー作りや、地元の特産品である三島コロッケの新商品開発、安城市の特産品のイチジクの新商品開発、千葉市幕張の外国人向けの地域紹介の地図作りなどがあります。

〈ビジネスモデルの流れ〉

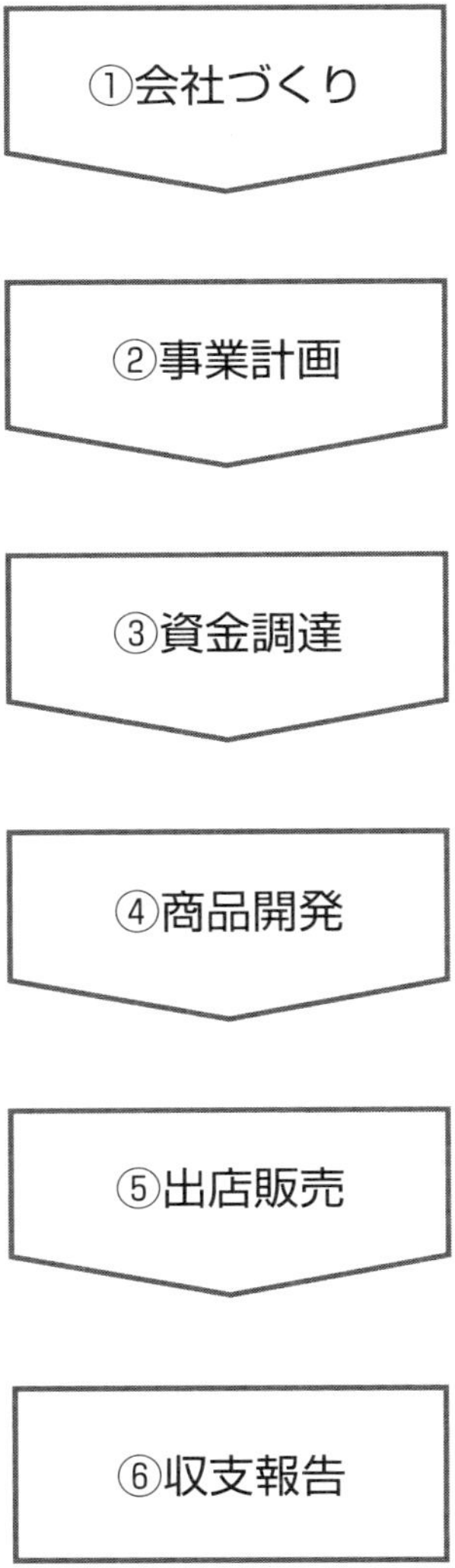

①　会社づくり

会社組織をつくり、各部署を決めます。会社名、会社のロゴマーク、定款等を作ってみます。会社経営に明るい外部講師の協力は効果的です。

② 事業計画

学習テーマに沿って商品を決め、市場調査、値段や販売個数、出店計画を考えます。宣伝方法や外部講師を招いての研修などを考えてみます。

③ 資金調達

必要経費を考えてどのようにして資金を得るか考えて調達します。子どもだけでは用意できない部分であり、学校や外部支援者の協力が必要です。

ただし、最初から豊富な資金がなければできないと考えないことです。他の教材費の活用、廃材や地域の材料の利用などを考えてみる必要があるでしょう。また中高生であったら、先に資本金をいかに集めるかを学習に取り入れることも可能です。

④ 商品開発

創意工夫を重ねて商品開発を図る場面です。子どもの創造性が解放されて新たなアイディアが養われるとともに、総合力が試される機会にもなります。子どもたちが燃えて取り組む起業教育の真価が問われる大切な場面です。また、子どもたちはアイディアを駆使して商品開発を図る際に、知的財産について併せて学ぶことができます。商標権、意匠権、実用新案、著作権、特許権などの知的財産文化について、具体的に理解を深めることができる貴重な機会となります。

ただし、商品開発をさせないで、商品を仕入れて販売させる例も多く見られますが、当然のことながら創造性の育成にはつながりませんから、学習成果はかなり低くなります。

⑤　出店販売

地域の催しもの会場や店先を借りて出店し、販売を体験します。事前に販売サービスについて学び、いかにアピールしたら効果的かを考えながら準備させることが大切です。お金の管理についてはしっかりと指導し、サポートしてやることが必要です。

⑥　収支報告

決算書を作り報告します。収益の使い道だけでなく、かかった経費の実際を考えさせて、事業全体を反省します。自分たちの取り組みが成功したのかどうかを反省する大切な機会です。それは、自己評価の大切な機会となります。また、収益の使い道は子どもたちにも考えさせるのがよいでしょう。

（4）民間の取り組みについて

子どものうちから経済活動や職業に目覚めさせ、将来に備えさせようとする、民間が開発した体験型プログラムが各種あります。キャリア教育に近い取り組みとして導入している学校もかなりあります。もちろん、起業教育ではなく体験型の経済教育として考えた方がよいでしょう。一部を紹介してみましょう。

◇　キッズマート

地域の祭りなどで、仕入れた商品を出店して子どもたちに販売体験させる取り組み。商工会等が取り組んだジュニア・エコノミーカレッジが有名。

◇　トレーディングゲーム

世界の国々の立場に立って、経済の仕組みや貿易の仕組みを体感するシミュレーションゲーム。

◇　ドリームマップ

将来自分がなりたい職業を選択し、そこまでにたどり着く道筋をより具体的に描かせてみる学習。

◇　スチューデント・シティ

仮想の街に開かれたさまざまな職場や店で、電子マネーを使わせたり、職業体験させたりする学習。東京の豊洲にある仕事体験のテーマパーク館「キッザニア東京」なども同じ範疇に入ります。自治体が独自に導入するところもあるようです。

◇チャレンジ・コンテスト

公益社団法人の発明協会主催のコンテスト。各地の少年少女発明クラブで取り組む、地域紹介を入れた発明品のコンテスト。起業教育の影響で始められた取り組み。

六　起業教育の特徴

これまでの学校教育の基本は、子どもが正しく考えて正しく覚えること、正確な情報処理能力の育成にありました。そのために授業は、ほとんどがティーチング主体の教育で行われてきたといえるでしょう。現在、時代が進化し、ＩＣＴを活用した教育が盛んになり、教師に加えてコンピュータが教える機会も多くなろうとしています。しかし、それでも基本となる教育現場の指導観は変わらず、左脳中心の情報処理型の教育も変わっていないといえるでしょう。

一方の起業教育は、典型的な課題解決学習そのものといえます。子どもがラーニング主体で学び、これまで学校教育が苦手にしてきた分野の能力、右脳に関わる分野の能力、直観力や総合力などの獲得を可能とした教育といえるでしょう。

これからの社会に、右脳が得意とする柔軟な思考や、アイディアに富むクリエイティブな人材の育成が欠かせないとするなら、ますます起業教育の果たす役割は大きくなっていくことでしょう。

ここからは起業教育の実践から見えてきた、これまでの教育にはない優れた特徴となるものを挙げてみます。

（1）自立のレッスンとなる学習

起業という言葉そのものが自立した立場で事を始めることを伝えているように、起業教育はそもそも自主性がなければ成り立たない教育といえます。起業という言葉をあえて使っているのも、起業家の立場のように、あくまでも子どもが学習の主人公になって、しかも自己責任で目標の達成を目指させるラーニング主体の教育であるからです。もう一つ例えると、親が小さな子どもに自立を促すために、自分だけで生まれて初めてお使いの冒険をさせる、自立学習の体験教育に似ているともいえるかもしれません。

さらに起業教育の最後には、もう一つの試練が待っています。起業教育に参加した子どもを、最後に学習の成果が上がったかどうか、外部評価してもらうことです。つまり誰もが納得する仕方で成果を上げてみせなければならないのです。

普段の授業がすべて先生の管理下の授業であるとするなら、起業教育の授業は、先生はできるだけ手を出さないで見守り、できるだけ子ども自身の手で学習を展開させてみます。そして最後に、その成果を外部の人にも確かめてもらうのがルールの教育になります。

起業教育の中でも、ビジネスモデルのように取り組みが高度になるほどに自立度が促されるようです。例えば出店販売する期日が迫ってくると、子どもたちなりに良いものを出したいという思いが日に日に強くなり、指示されなくても関連する情報を自ら集め、アイディアを練って商品開発を図るなどの準備をするようになります。結果は自己責任で引き受けなければなりませんから、本気で取り組むようになるというわけです。

ビジネスモデルの販売体験を終えたばかりの六年生に感想を聞いたところ、「私は一週間ほど前から、はたして私たちの商品が売れるのか、買ってくれる人がいるのかを考えてずっとドキドキしていた。だから商品が完売した時には思わず万歳をしてしまった。本当にやったと思えて嬉しかった」と語っていました。また、六年生が販売体験を終えた翌日に、それを見ていた五年生の子どもが校長室にやってきて、「先生、来年も起業教育をやりますよね。僕は、昨日の晩に寝ながら来年の商品について考えてみました。そして良いアイディアを思いついたので、来年もぜひ起業教育を続けてほしいと思ってお願いしにきました」ということでした。彼は以前、不登校だったのですが、起業教育をきっかけに登校するようになった子どもでした。いずれの例も、子どもの本気度が伝わってくる話です。子どもたちは自分の力が実際に社会に受け入れてもらえるかどうか、自分の力が通じるかどうかを真剣に考えて、努力しようとするのです。

私は、起業教育と普段の授業との違いを聞かれた時、「子どもがピアノ教室に行ってピアノを習うとします。先生について習い、先生に評価してもらいながら子どもは日々上達していきます。しかし、本当はどの程度うまくなったのかは、教室の中の評価だけでは分かりません。そこで、演奏会を開いて一般の方に聞いてもらうことにします。すると何が起きるでしょうか。まず、子どもの練習に対する本気度が変わるでしょう。また先生方も熱くなり、指導のレベルが上がるでしょう。さらに会場の準備も人集めも最後まで自分たちで準備にあたるとしたら、ますます本気になることでしょう。そして、やり切れたとしたらどうでしょう、子どもたちも先生方も大きな自信を得ることになるでしょう。起業教育は、教室の中だけのピアノレッスンから抜け出して、発表会の聴衆の評価を得るためにレッスンをしているのに似ていますね。子どもは何度か発表会を経験するほどに、一段と成長するはずです」といった話をしたことがあります。起業教育は、子どもの時から外部の評価をもらいながら自立のレッスンを図る教育といえるでしょう。

（2）創造性が解放される学習

ところで創造性は定量化や数値化できる力ではありません。また世の中にあふれている創造性に関する本を読み重ねても、必ずしも身に付く力とは限りません。さらにアイディアはいつ生まれてくるか予測もつかない厄介なものでもありますから、創造性の育成は難しいと突き放したくなるのも分かります。しかし、創造性がこれからも私たちの人生を拓き、日本の命運を握る大切な原資であることを考えれば、創造性を何とかして、私たちのもっと身近な力にすることはできないだろうかと考えるのは当然でしょう。このような状況の中で、起業教育は創造性の育成に関する大きな手掛かりを与えてくれました。起業教育が私たちの創造性を解放してくれることが分かったのです。以下は、起業教育と創造性の関わりについての報告です。

起業教育は典型的な課題解決型学習といえます。そして起業教育を通して、創造性は課題解決に深く関わる力であることが見えてきます。例えば起業教育では、よく新企画や新商品の開発に挑戦させますが、その際に、創意工夫して何か新しい価値となるものを生み出そうとする試みから生まれる力が、創造性に近いのではないかと考えられます。

創造性を定義することが難しいのは分かりますが、さまざまな理論を要約して創造性を定義してみると、「課題解決を図るため、前例にとらわれずに多様な情報を組み合わせて統合して解決を図り、個人や社会レベルで新しい価値を生み出す能力」といえるでしょう。それをさらに要約すると、「新しい価値を生み出す力」といえます。

想像がさまざまな形象を気ままに思い浮かべる力であるとしたら、創造は何かしらの課題意識が先にあって、それを解決しようとする際に生まれ出る力であることがヒントです。創造性を新しい価値を生み出す力であると考えてみると、課題解決能力の一つでもあるのではないかと思います。つまり人は課題意識を持って解決を図る時、前例が役に立たないことを知るほどに、創造性に近づくということです。

そこで起業教育では例外なく、主体的に課題解決を図らせるテーマ設定をします。ある一定の条件下で、役に立つ新しい企画やデザインや新商品などのアイディアを出しなさいといった具合です。参加した子どもたちは、最初は知っている知識を動員して類似のものを模倣しようとします。しかし、それでは新しい価値を提案することになりません。さらに子どもたちは、それぞれのアイディアには知的所有権があり、いわゆる「パクリ」は許されないことを知ります。また子どもにもプライドがありますから、模倣を面白く感じないようです。とにかく子どもは、それまで積み上げてきた既成の知識や思考回路が通用しないことを知ると、悩み始めます。一人ひとりが悩みながらも創意工夫してアイディアを練る時間を得られるのです。そして葛藤する中で、やがて自分の先入観が邪魔をしていることや、授業のように論理的に考えただけでは良いアイディアは浮かばないことに気づかされます。子どもたちが口にする「柔らかな頭」なしに先に進めないことを知る、学び取るのです。

しかし、あきらめることはありません。周囲を見渡せば、仲間の誰もが同じように苦労していて、大人たちも当てにならないことを知ると、さらに子どもたちは燃えて取り組むようになるのです。子どもたちにとって、アイディアを練る時間は苦しくも楽しい時間であり、創造性が解放されている状態です。子どもたちの脳内では、これまで授業で養ってきた思考回路、整理してストックしてきたロジカルな知識中心の回路から離れて、新しい価値を生み出す創造の回路へと切り替わっているように見えます。その結果、やがては子どもたちなりに創意工夫して創り出した、さまざまな企画や商品が現れてくることになるのです。

起業教育が教えてくれるのは、創造性は課題解決を図る際に解放されて、アイディアは葛藤の中でひらめくことです。創造性は育てることができるといえるようです。

起業教育は子どものうちに、これまで閉じ込められてきていた創造という新しい思考回路を作るとともに、豊かなアイディアが自分にとって、そして社会にとって、いかに大切なものであるかに気づかせてくれる取り組みでもあるといえるでしょう。

子どもは正しく考えるだけでなく、さらに自由に考えることが大切であることを学ぶのです。

（3）新たな世界観が養われる学習

起業教育は、子どもの新たな世界観を育てる学習になります。子どもたちは生まれてからずっと親や先生や周囲の大人社会全般に依存し、その中で、価値観や世界観を養って暮らしてきました。そして学校の勉強も進路も、その延長上にありました。しかし自ら課題解決を図る起業教育の体験は、子どもたちにそれまで気づかなかったもう一つの世界観があることを気づかせてくれます。それは、仕事は自分で作ることができるということです。職業とは用意されたものの中から仕事を選ぶことであり、雇用されることが当たり前と思い込んできました。その仕事観が最初に崩れ始めます。さらに進んで、自分の力で生きることができると考える、オーダーメイドの生き方が可能であることに目覚める機会になります。

子どもたちは起業教育の体験から、自ら行動を起こさなければ始まらないこと、自分で状況判断をして決断しなければならないことや、結果に自己責任を負わなければならないこと、さらにリーダーシップやコミュニケーション能力の大切さを学びます。そして自立心が高まるとともに、それまで受け身だった自分の姿や、依頼心の強かった自分の心を振り返ることができるようになるのです。起業教育の影響は大きいといえるでしょう。以後、子どもの心に、自律、やる気、好奇心、向上心、自尊心などの前向きな心を評価する意識が育ち、さらに社会にはさまざまな生き方があることに関心を持つことができるようになります。そして、それまでの依存意識の強かった世界観から徐々に離れて、新しい世界観を模索していくのです。

起業教育は、これまで当然と思ってきた生き方モデルが絶対的な価値ではないことに気づかせ、そして自分なりの新たな夢や希望に目覚めさせてくれます。子どもが自由に考える契機となることの意義は大きいでしょう。

（4）学びのサイクルが体験できる学習

起業教育には、社会起業のプロジェクト型、バーチャルカンパニー型、ビジネス型などのモデルがあることを紹介しましたが、その違いにもかかわらず、いずれのモデルにも共通する学びの構造があります。それは、いずれもラーニング主体の学習であり、しかも自己教育力に求められる学びのサイクルが体験できることです。

例えば実際の企業がビジネスを展開する際、一度の取引で終わりになるのではなく、手にした収益を元手に再投資してビジネスを拡大していくマネージメントのサイクル【P―D―C―A】が起きるのが知られています。それと同様に、起業教育のラーニングにも、図のような学びのサイクルが起きる学習になるのです。実践して分かるのは、起業教育の各モデルにもビジネスが成長していくのに似た、学びの構造【P―D―C―A】があることです。それを図を使い、ビジネスモデルの起業教育で簡単に説明してみましょう。

【学びのサイクル】

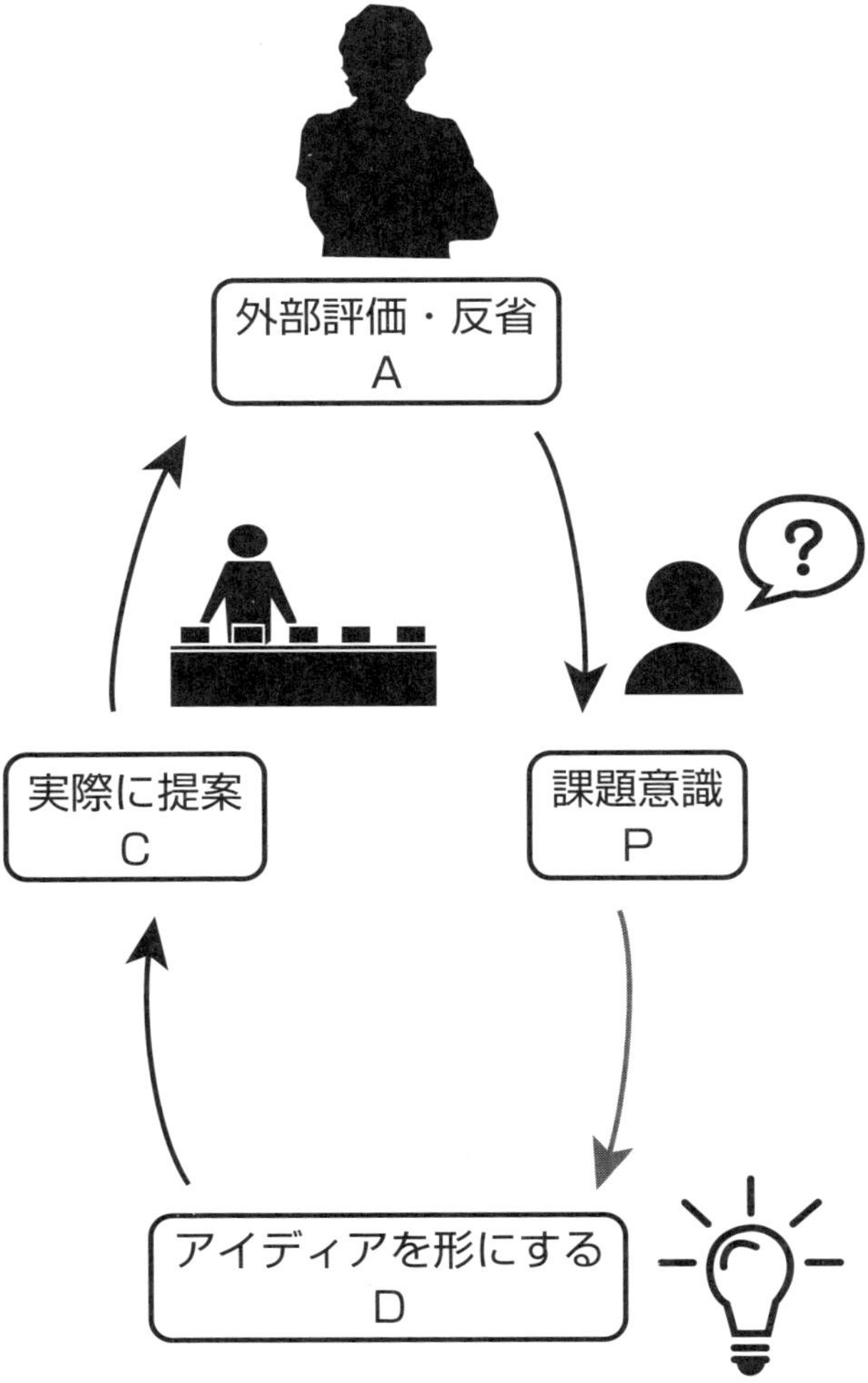

○学びのサイクル

① 課題を見つけてテーマを決め、目標・計画を練るＰＬＡＮの段階。ビジネスでは注文を受け、計画を立てるＰＬＡＮの段階。

② 課題解決を図るために、実際に創造性を駆使してアイディアを絞って形にするＤＯの段階。ビジネスなら新商品や新しいデザインなどを提案するＤＯの段階。

③ でき上がった企画のプレゼンテーションや、商品の販売体験をして、外部評価されるＣＨＥＣＫの段階。ビジネスでいうと、評価のＣＨＥＣＫの段階。

④ 結果を受けて、あるいは決算をして反省をする、新しい志が生まれるＡＣＴＩＯＮの段階。ビジネスでいうと、改善のためのＡＣＴＩＯＮの段階。

このように、ビジネスにおけるマネージメントサイクルと相似の学びのサイクルが働いているのです。起業教育はこの学びのサイクルを回すことによって、自立のための学習経験を高め、自立心や独立心を育てて創造性を引き出し、自らの生き方を深めていくのです。マネージメントサイクルが会社の経営能力を高めていく過程であるとするなら、起業教育の学びのサイクルは、個人の自己教育力や創造性、そして自己経営能力を高めていく過程でもあるといえるでしょう。起業教育がもたらす学びのサイクルの意義は大きいと思います。

普段の教科書を使った知識習得型の授業は、生徒にとって、主として知のストックで終わる世界ですから、学びのサイクルは起きません。また子どもの主体性を育てる狙いとして行っている調べ学習も、教師の出した課題を生徒に部分的な小さなラーニングで調べさせて、それを教師が評価して終わるスタイルの学習がほとんどです。これでは学びのサイクルは起きにくく、創造性の育成にはつながらないでしょう。しかし起業教育の場合は、生徒がテーマに沿って、自らが主人公になって挑戦して学ぶラーニング主体の学習であり、正答のない探求型の帰納法的な学びが全面展開されるだけでなく、アイディアも試される学習になります。また地域社会などの外部評価によって得られる情報は、新たな自己評価、自らの新たな課題を見つけることにつながるのです。

起業教育が展開する学びのサイクルは、生涯学習社会に求められる自己教育力（自己学習力）のモデルそのものといえるでしょう。

七　起業教育の教育的効果

まだまだ、起業教育が普及してきたといえない現実がありますが、起業教育がスタートして十五年ほどがたち、多くの子どもたちが経験してきたのも確かです。その中で私たちが見てきたのは、生き生きと取り組む子どもたちのたくましい姿でした。そこで、起業教育の教育的な効果についてまとめてみました。

(1) 自立心が高くなる

起業教育は子どもの意識を大きく変えることができます。受け身でいることは自分を助けないこと、課題を解決するためには自ら行動を起こして積極的に働きかけなければならないことを、自覚できるようになります。そして学習には他律的な動機で身に付けなければならないものだけでなく、普段から自分を育てていかなければならない、自律的な学習動機で学んでいかなければならない世界があることも知るでしょう。そのため子どもたちの主体性が育つだけでなく、自尊心が高くなり、新たな目標に目覚めて自発的に行動することを当たり前にするようになります。自発性が強化され、自立心が高くなるのです。

(2) 学習意欲が向上する

子どもたちにとって普段の学校教育は、あくまでも他律的な受け身の学習が中心でした。しかし起業教育は子どもの自立心を育てるとともに、自らの学習動機で自らを育てることができること、しかも大切であることを学びます。その結果、子どもの学習観が一変します。学ぶことに対して意欲的になるのです。普段の授業に対しても自ら目標を持って積極的に取り組むことができるようになります。また、好奇心もさらに強くなり、進んで情報を求めるようになったり、外部に対する興味関心も一段と広がるなど、学校教育以外のインフォーマルな学習にも興味を示すことができるようになります。学びのモチベーションが高くなり、向上心は確実に育つといえるでしょう。

(3) 社会に対する関心が高くなる

起業教育は身の回りの社会に、特に地域社会に働きかけて、社会との接点を持ちながら学びます。そのため、子どもたちの社会的な関心が高まり、社会性が一段と高まるのです。

学校と地域社会との協働事業として起業教育が行われるようになると、地域社会は子どもたちにとって知り合いのいる空間に変わり、それまでの閉鎖的だった感情や孤立感から解放され、改めて安心できる身近な社会に変わります。さらに地域に対する帰属意識が強くなり愛郷心が育つなど、子どもたちも地域に役立ちたいと思い、社会貢献に目覚めるといえます。地域社会の一員であるというアイデンティティーが育つなど、学習者の社会資本を育てることのできる教育でもあるでしょう。

(4) 自己発見・自分探しができる

起業教育を通して、仕事は自ら創り出すことができることを知りますから、それまで受け身で選択的だった仕事観や人生観が相対化されるようになります。起業の可能性もある新たな仕事観が養われ、自分なりの生き方ができることにも気づくのです。そして、生き方の選択肢が広がるとともに子どもの意識も世界観も変わり、新たな自分探しが始まるといえるでしょう。

また起業教育は実社会に触れて学びますから、自己評価がしやすく、自己発見や新たな自己認識につながるようです。これまでのキャリア教育が、ともすれば職業選択の問題に

郵便はがき

料金受取人払郵便

新宿局承認

4946

差出有効期間
平成31年7月
31日まで
(切手不要)

160-8791

843

東京都新宿区新宿1－10－1

(株)文芸社

愛読者カード係 行

お名前《ふりがな》		明治 大正 昭和 平成 年生 歳
ご住所《ふりがな》	□□□-□□□□	性別 男・女
お電話番号	(書籍ご注文の際に必要です)	ご職業
E-mail		
ご購読雑誌(複数可)		ご購読新聞 新聞

最近読んでおもしろかった本や今後、とりあげてほしいテーマをお教えください。

ご自分の研究成果や経験、お考え等を出版してみたいというお気持ちはありますか。

ある　　ない　　内容・テーマ(　　　　　　　　)

現在完成した作品をお持ちですか。

ある　　ない　　ジャンル・原稿量(　　　　　　　　)

⊏ ⊑	都道 府県	市区 郡	書店名		書店
			ご購入日	年　　月　　日	

をどこでお知りになりましたか?
書店店頭　2.知人にすすめられて　3.インターネット(サイト名　　　　　　　　　)
DMハガキ　5.広告、記事を見て(新聞、雑誌名　　　　　　　　　)

質問に関連して、ご購入の決め手となったのは?
タイトル　2.著者　3.内容　4.カバーデザイン　5.帯
の他ご自由にお書きください。
(　　　　　　　　　　　　　　　　　　　　　)

書についてのご意見、ご感想をお聞かせください。
内容について

②カバー、タイトル、帯について

弊社Webサイトからもご意見、ご感想をお寄せいただけます。

ご協力ありがとうございました。
※お寄せいただいたご意見、ご感想は新聞広告等で匿名にて使わせていただくことがあります。
※お客様の個人情報は、小社からの連絡のみに使用します。社外に提供することは一切ありません。

■書籍のご注文は、お近くの書店または、ブックサービス(0120-29-9625)、セブンネットショッピング(http://7net.omni7.jp/)にお申し込み下さい。

過ぎなかったのが、子どもはライフキャリアの視点で、自らの長い人生のプランを描けるようになるなど、選択肢が広がる新たな可能性に目覚める学習であるといえます。

（5）金銭感覚が養われる

起業教育のビジネスモデルでは、普通に資本金の調達、予算・決算や損益計算に触れて学びます。そのためにお金の役割や価値を知り、お金を得ることの大変さについて考えられるようになります。これまで教育界にあったお金に対するタブー観がなくなり、導入が難しかった金銭教育や金融教育などの経済に関わる教育がしやすくなります。参加するほとんどの子どもたちが、無駄のない有効なお金の使い道について考えるようになるなど、お金を貴重なものと認識するようです。また高学年になると、身近な自営業者の起業精神について、あるいは企業と家計との関わりや金融や税についても考えるようになります。

（6）情報リテラシー、情報活用能力が育つ

最初の起業教育がインターネットを活用したバーチャルカンパニーであったように、先端の情報社会の動向に関心を示し、問題意識を持って情報機器を駆使して取り組もうとす

るのも、起業教育の特徴といえるでしょう。

子どもたちにとって情報は大切ですから、取材や図書館を利用するだけでなく、情報機器を駆使して情報を集めることは欠かせないといえます。さらに、ネット上に自らの会社のホームページやブログ等を立ち上げて発信する、自分たちの活動や試作した商品情報を流してみる取り組みが普通に行われるようになり、また仲間内の会議の際にもデータを整理して共有し即座に印刷に回すようになるなど、デジタル機器の扱いにも慣れた子どもたちが活躍するようになります。現在はメール・SNS等を利用して連絡し合うこと、また、新たなアイディアでプログラムを開発するなど、ネットワークをフルに活用して取り組む子どもたちの姿が当たり前に見られるようになりました。子どもの情報活用能力、ICT活用能力が飛躍的に高まる学習といえます。

（7）愛郷心と志が生まれる

子どもたちにとって、地域社会は当たり前に生活する場所ではありますが、これまでは、自ら活躍する場所ではありませんでした。しかし起業教育は、子どもたちが地域を舞台に、あるいは地域課題の解決をテーマに学習を展開します。つまり、普段の受け身の立場から離れて、子どもたちが主人公になり地域社会に働きかけて、起業体験等の学習を行うのです。そのため、地域社会の一員としてのアイデンティティーが育つだけでなく、自ら行動を起こして地域のために貢献したい、日本の社会に役立ちたいという考えや志が生まれ、愛郷心という感情が育つことになります。

ビジネススクール等で行われる起業家教育のテーマが、いかにビジネスを興して個人や企業の利益を上げるか、資産を増やすか、といったことを目的としているとするなら、起業教育の場合は、伝統的な日本型の企業経営をモデルに地域の活性化などをテーマにして、公共の利益を図る視点で活動を展開します。そのため利益最優先のモデルとは違い、いかに社会とともに豊かになることができるかを考えられるようになるのです。

自立のレッスンとして生まれた起業教育にとって、地域づくりは本来の主要な目的ではありませんが、地域社会を借りて学び、地域社会に還元できる大きな影響力を示せるのも起業教育の特徴です。そのため、これまで地域の活性化をテーマにした試みの多くが、地域社会の共感を得て行われてきています。また、地域住民の支持だけでなく、地域づくりに熱心な自治体や商工会等からも関心が寄せられるなど、起業教育が社会に与える影響は大きいといえるでしょう。

八　起業教育はここが違う

ここからは、起業教育が切り拓いてきた普段の授業との違いについて、教育的な意義についてふれておきたいと思います。

（1）個性を磨く教育

教育基本法には教育の目的として、「第一条　教育は、人格の完成を目指し、平和で民主的な国家及び社会の形成者として必要な資質を備えた心身ともに健康な国民の育成を期して行われなければならない」とあるように、もともと教育の目的には、人格の完成を図る面と、国家及び社会の形成者を育てる面という二つの側面があります。一つは個を育てる側面に焦点を当てた教育、個性を引き出して育てる人格の完成を図る教育といえます。もう一つはお馴染みの、国家や社会の発展に役立つ人材の育成に焦点を当てた教育、国や社会が選択した知識や価値を伝える教育、国家・社会が望む人材に投資する教育のことです。スペイン語では、引き出す意味のエデュカシオンと詰め込む意味のディダクティカとの二つの言葉を使い分けていると聞きますが、日本では教育という一つの言葉しかありませんから、本来、教育の目的には、個人と社会人及び国民を育てる二つの側面があることが見えなくなっているのかもしれません。

ともかく、これまでの学校教育は、国や社会が求めてきた人材育成の教育が中心となり、授業は教科書を使い教師主導のティーチングで行われてきました。そして求められてきた思考力も、いわゆる演繹的な学習の中で正しい答えを求めるための思考力であり、決して個性となる独創的な思考を求めてきたのではありませんでした。

しかし、時代とともに社会環境は大きく変わりました。現在は、テクノロジーの深化とともに情報社会が拡大して国際化が進み、知識社会と言われるようなあらゆる既成の価値が試練に遭うような激動の時代を迎えています。そして今や、学校教育が用意する英会話能力の育成やプログラム学習やＩＴタブレットを導入した教育だけでは間に合わないような時代になっているのです。今後、私たちが変革期の時代を生きていくためには、一人ひとりが自己教育により、自らの才覚や個性を磨いて自己経営能力を高めていくしかないといえるでしょう。改めて、学校教育もまた個性を重視する教育の在り方を振り返らなければならない時代を迎えているといえるでしょう。

起業教育は見通しのきかなくなってきた時代の変化に危機感を覚えて、早くから個性を育てる側面に焦点を当て、生涯学習者として生きていくためには起業精神の涵養が欠かせなくなると考え、個性を磨いていくことを訴えてきたのです。

(2) 大きなラーニングで育てる

起業教育が、従来の知識伝達型の学習とは違うことが分かっていただけたと思います。また、起業教育が展開するラーニングが、従来の授業の中で行われてきた調べ学習などの小さなラーニングとは基本的に違うことも分かってほしいと思います。従来の学校ラーニングのほとんどが、用意された答えにたどり着かせるために、子どもたちに調べさせ、考えて答えにたどり着かせるスタイルの学習がほとんどです。つまり、これまでの学校ラーニングのほとんどは小さなラーニングを部分的に取り入れた、知識伝達型教育の一部に過ぎませんでした。このような教師主導の小さなラーニングをいくら積み重ねても、自ら課題を見つけ、自ら考え、自ら課題解決を図っていくようなたくましい主体性を育てることはできないでしょう。

一方の起業教育は、たくましい学習主体を創出するために子ども自身の力で社会に働きかけて課題解決を図らせる、大きなラーニングに挑戦させます。もちろん課題は一つの正答がある課題ではありません。地域の課題や特産品づくりのように、解決法がいくつも考えられる課題です。できるだけ先生の力を借りないで、思い切り子ども自身の力で取り組み、やり切ることに意義があるのです。大きなラーニングを通して、学び方そのものを身に付けさせて、自己教育力（自己学習能力）が高まることを意図しているのです。教師は子どもの学びを見守り、側面から支援し励ます立場であり、子どもの学びが依頼心から脱して自立できる大きなラーニングとなるように事前に計画して支援していく、子どもの力を基本に自らを育てさせていく立場です。

（3）主体的な学びそのもの

子どもたちにとって、これまでの学習は受け身でサービスを受ける側に立つ、消費者側の立場での学習でしたが、起業教育は実際の起業家と同じ立場で自ら仕掛け、生産者やサービスを提供する側の立場に立って学びます。あくまでも主体的でなければ進まない学びです。早い時期から自立者の立場で社会に働きかけて学ぶことを体得させ、自己評価をさせながら自立を促すことができるのです。

（4）社会参加型の課題解決学習

起業教育が教室に留まらないで、あえて社会につながるテーマ設定をして社会を舞台にして学ぶ理由は、社会が子どもたちを育てる、社会を舞台に学ぶと本物の力が養われると考えるからです。子どももまた、社会の中で自分の力を試すことができるのです。発明協会で行っていた起業教育では、子どもが地域の課題に挑戦する授業を「お助けキッズ」と呼んでいましたが、子どもの成長の評価を先生にだけ頼るのでなく社会にもしてもらう、外部評価の視点を入れたところが画期的であると思います。

これまでの授業モデルでは、教育は学校の内で行われるものであり、卒業後に初めて実社会から学ぶことを前提に考えられてきました。しかし時代の変化が激しくなると、教師の力だけでは時代が求めている力、起業精神や創造性のような、実際の社会に通用するような力は育てられなくなりました。そこで生まれたのが、社会を取り込んだ実学的な学びである起業教育というわけです。起業教育は社会参加型の課題解決学習ともいえるでしょう。

（5）実践的な学び

仕事や経済に触れて、地域の住民や世の中の仕組みに直接触れて学びます。そのため社会性が高まり、実社会に対する理解と関心が育ちやすくなります。また、さまざまな年齢層や職種の人々と接しながら学ぶことができるのです。若い時から社会に目覚めて多方面にわたる興味関心が育つだけでなく、実社会に必要とされる能力が幅広く養われることになります。子どもたちにとって机上の学習以外に、社会をフィールドにした学習も必要であることを学ぶのです。社会の変化が激しい時代ほど、実学的な学びが必要であるといえるでしょう。

（6）自ら判断し決断して学ぶ

起業教育に最初から正答はありません。どんな結果になるか見通しのきかない中で情報を集め、仮説を立てて学ぶ帰納法的な推理で進められる学習ですから、自らの考えや判断で行動することを学べます。指示された通りに、あるいはマニュアルに従うのではなく、情報を集めて分析し仮説を立てたり、アイディアを出して課題解決を図ったりと、自らの判断を頼りに創意工夫しなければならないことを学びます。起業教育は自己責任で学びながら、生きていくことを強く意識させることができるのです。

（7）成功・失敗体験を通して学ぶ

具体的な目標を目指して、成功体験や失敗体験を通して学びます。自分たちの働きかけが実際に通用したか、社会からどのように評価されたか、受け入れられたかどうかをはっきりと知ることができます。普段の授業では失敗は許されませんが、起業教育では失敗が普通であり、やがて失敗の中から成功体験が得られることを知るのです。そのため、子どもたちも「失敗こそ成功の母である」といった失敗の積極的な意義を理解できるようになります。起業教育は、失敗を恐れないことを教えるのです。子どもは不屈についても学ぶことになります。

（8）学びのサイクルから自己学習能力（自己教育力）が育つ

子どもは自らの考えやアイディアを形にして提案し、外部評価を得て学びます。その結果から新たな自己評価が生まれ、新たな課題意識や志が育つのです。すでに起業教育の特徴として紹介したように、企画して形にして提案し、さらに評価を受けて反省し、再び新しい志が生まれるといった学習のサイクルと同時に、創造のサイクルも個人の内に生まれますから、まさに学び方を学ぶ自己教育のレッスンになります。

教科の学習が基礎基本となる学力を支えているとするなら、起業教育はモデルのなくなった成熟した時代に求められる課題解決能力や、何かを始めるための能力を養うなど、自己学習力（自己教育力）を育てる教育でもあります。クリエイティブな人材が求められるＡＩの時代にこそ必要な学びといえるでしょう。

九　起業教育とキャリア教育の違い

いわゆるフリーターやニートに代表される若者の雇用問題に政府全体で対応するため、平成十五年から文部科学省、厚生労働省、経済産業省及び内閣府の四府省で、「若者の自立挑戦プラン」としてキャリア教育が推奨されるようになりました。そして現在、小学校の段階から勤労観や職業観を養う取り組みが進められています。

文部科学省の二〇〇四年の「キャリア教育の推進に関する総合的調査研究協力者会議報告書」によると、キャリア教育の定義は、「キャリア概念に基づき児童生徒のキャリア発達を支援し、それぞれにふさわしいキャリアを形成していくために必要な意欲・態度や能力を育てる教育であり、端的には『児童生徒一人ひとりの勤労観、職業観を育てる教育』である」とあります。もともとキャリアは生涯にわたる生き方を指す言葉であり、職業キャリアはその一部ととらえられます。そのため現在行われている学校のキャリア教育も、一応幅広く、①自己理解しながら人間関係を形成する力、②望ましい情報を収集する能力、③将来の進路を設計する能力、④意思決定能力、といった視点から発達段階に応じたキャリア課題を挙げて、勤労観や職業観の育成に当たるように求めています。しかし定義はともかく、本当の狙いは狭義の意味の職業キャリアについての取り組みといえるでしょう。そして多くの学校では、キャリア教育の名で、職業人を招いて話を聞く授業や、近くの会社などで職場体験をするインターンシップ制度を取り入れて、体験学習をさせています。

それでは起業教育との違いは何でしょうか。実社会に参加して学ぶ、しかも職業や経済などにも触れることから、その違いが分からない教育関係者もいるようですが、明確な違いがあります。現行のキャリア教育はサラリーマンに代表される雇用社会をモデルにした体験型の職業教育であり、いかに自分に合った職業を探して就職していくか、どこに所属するかを学ぶ職業キャリア指導の教育です。一方の起業教育は、自分の将来の夢や仕事を自らの手で組み立てられることを前提にした、ライフキャリアの視点で考えたキャリア観の教育といえるのです。自分の人生を、適性や希望する将来の人間関係などを総合して考えさせる教育なのです。キャリア教育が職業の選択を目的としているとするなら、起業教育は、変化の激しい社会は多くの仕事が生まれては入れ替わり、今ある仕事の転職が普通になり、起業も珍しくない社会が来るだろうと予想して、仕事は自らも作れることを教えます。そして一生涯にわたるライフキャリアの視点で人生設計をさせて、今後必要になる力や主体的な実践力を高めていくことの必要を考えさせるのです。

仕事や実体経済に触れて学ぶ点で似ている二つの教育ですが、至近の職業教育に近いキャリア教育と、長い人生のライフキャリアの視点に立つ起業教育との間には、目標だけでなく世界観の違いがあるのは明らかです。付け加えると、職業キャリア教育の視点だけでは、起業教育が求める起業精神や創造性を育てることはできないでしょう。いずれにせよ起業教育とキャリア教育の狙いの違いを理解しながら取り組むことが大切です。

第四部　未来編・起業教育が求められる時代

第六章　ＡＩの時代・生涯学習社会に必要な学び

起業教育がスタートして十五年ほどたちました。この間の起業教育は先駆的な取り組みであったために、必ずしも正しく理解されることのないままに普及し、体験型の経済教育であるとか、またはキャリア教育と誤解を受けることもありました。しかしこの間、総合的な学習そのものが衰退するという逆風の中でも、なくなることなく続いてきたことの意義は大きいと思います。

そして現在、テクノロジー進化によるＡＩ、ロボット、ＩｏＴ、フィンテック等の本格的な到来の時代を迎えて、教育界も新たな局面を迎えています。さらに高度情報社会、生涯学習時代にあることを考えると、起業教育はますます新しい時代の基礎教育として必要になってきたといえるでしょう。そこで、改めて起業教育が切り拓いてきた成果について触れながら、起業教育の必要性について整理していきたいと思います。

一　生涯学習社会の理念を育てる起業教育

これまで説明してきたように、起業教育は起業精神（起業家的精神）の涵養を図ることができる教育であること。さらにＡＩの時代の教育として、生涯学習社会の理念である「自立、協働、創造性」の育成に役立つ教育として、これからは変革の時代に必要な基礎教育として見直してほしいと思います。

（1）主体性が育ち自立に目覚める

学校教育にアクティブラーニングの導入が進められているように、子どもの主体性を育てる教育はますます大切になってきました。そしてもちろん、起業教育は主体性の育成に無縁な教育ではありません。それどころか主体性なしに育たないのが起業精神ですから、起業精神の育成を図る起業教育は、主体性育成に役立つもう一つの教育であるといえます。

そもそも主体性は、自らの意志で、あるいは判断によって自ら行動することのできる態度や性質と考えられます。つまり、主体性は他律的に指示されて仕立て上げられて育つものではなく、基本的には子ども自身（本人）が目覚めて自ら身に付けていかなければ育たないものといえます。そこで起業教育では、子どもが自らの意志によって自分を磨くことに目覚めていく過程を、主体性が育つ過程ととらえているのです。

これまで学校で行われてきた主体性教育のほとんどが、子どもに書かせたり、話させたり、グループ活動させたり、表現させたりなどの作業をさせて主体性を育てようとしてきました。それだけでは、たとえ子どもが積極的に取り組む習慣が身に付いたとしても、はたして自らの意志で行動する主体性が養われたといえるか疑問です。むしろそれらは、まだまだ子どもの主体性に対する尊敬の念が足りない取り組みのようにも見えます。

そこで起業教育が考えた主体性教育とは、子どもたちが自らの意志で自らを磨き育てようとする必要性に心から目覚めることができる、それとともに自信が育ち自発性が強化される教育でした。起業教育の学習プログラムのほとんどが、子どもが自己責任で学習を進める大きなラーニング主体で行われるのは、子どもに自分の姿を振り返る機会、自信をつける機会を増やしてやることが必要であると考えるところから生まれたのです。

また、起業教育が起業という言葉にこだわるのにも意味があります。一つは、子どもの独立心に火をつけるためです。もう一つは、子どもが教師に対する依頼心を捨てて学び、教師もまた子どもに対するいらぬ干渉を自粛して学ばせることにあります。

もともと起業という言葉（概念）には、自分の力で解決しなければならないというメッセージが込められています。実際に子どもたちは、起業という言葉に奮い立ちます。自分の力が試されている学びであることをすぐに理解します。起業教育がスタートすると、子どもは、最初は戸惑っていますが、やがて「面白そうだな、やり切れたらすごいことだな、とにかくやってみよう」と感情が前向きに切り替わり、やがて、自ら取り組まなければならないという自覚が生まれるのです。そしてやり遂げた後では「私にもできた、これからは自分の力でもできるだろう」といった喜びとともに、自己評価と自信が育つのです。起業教育の取り組みが深まるほどに子どもたちの主体性が高まり、やがて自立心へと成長していくのです。主体性は、依頼心を捨てて自らの力を頼りに生きていく、普段から自分を育てていくことが大切であるという自覚なしに育たない力であるといえます。

とにかく、起業教育を体得した子どもの主体性は、より自覚的な自立心となり、独立自尊の念や新たな世界観が生まれるなど、自らの手で成長していくエネルギーを得ることになります。起業教育は、生涯学習社会を生きていく資質を育てる教育としても役立つといえるでしょう。

教室の中でアクティブラーニングに苦労するなら、思い切り起業教育に挑戦してみたらどうでしょう。自立心は間違いなく育つはずです。

（2）自己教育力と新たな世界観が育つ

学習者である子どもにとって、普段の授業のほとんどが、与えられた課題を正確に解いて正しい答えを出す情報処理を図る学びが中心でした。あくまでも受け身な立場の学習の連続です。これでは、いくら声かけをしても、子どもの主体性や自己教育力が大きく育つことはないでしょう。

しかし一方の起業教育の場合は、あくまでも学習者である子どもが自ら社会に働きかけて学ぶ、課題解決型の学習に取り組みます。そこで養われる力は当然違ってきます。

まずは起業教育を通して、自己教育力が養われます。起業教育はこれまで説明してきたように、大きなラーニング主体の学習の中で、学びのサイクルを体験して学ぶことになるのです。しかも世の中には答えのない学びが普通であることや、大きなラーニングが必要になることを知り、体得するのです。やがて、生涯学習社会の学びに欠かせない自己教育力（自己学習能力）を、学校教育の中でも若い時から身に付けることができるのです。子どもは一足先に自己教育の疑似的な体験をするといえるでしょう。

もう一度、大きな学びのサイクルに触れておきましょう。最初に、学習者である子どもは課題解決を図るために目標を持って取り組みます、ＰＬＡＮの段階です。それを試行錯誤しながら、新しい解決策として形にして提案します、ＤＯの段階です。その成果を外部に評価してもらうのが、ＣＨＥＣＫの段階です。そして、その結果から反省点を見つけて再び新たな目標を見つけるのが、さらに新たな志が育つＡＣＴＩＯＮの段階です。このように、学びの大きなサイクル、ＰＤＣＡのサイクルを体験して学ぶのです。なお、この大きな学びのサイクルは、ビジネスサイクルと相似しているだけでなく、新しい価値を生み出す際に起きる創造のサイクルにも重なります。つまり新たな価値を創造するためにも、大きな学びのサイクルが必要なのです。

起業教育を通して、自己教育に必要となる学びのサイクルを学習体験することができるのです。まさに起業教育は、自己教育に必要な学び方を学ぶことのできる教育であるといえるでしょう。

もう一つ、新たな世界観が養われるのも起業教育の特徴です。

受け身の、依頼心の強いままで、子どもの主体性や自立心が養われることはありません。

あくまでも、主体性が養われ、行動が変わるためには、学習者である子どもの普段の意識を変えてやらなければならないのです。その必要性を明確に教えてくれるのが起業教育といえるでしょう。

子どもたちの考えてきた生き方や仕事観は、基本的に学校や親に依存することで成り立ってきました。しかし起業教育を通して、世の中には用意された道を歩むだけでなく、自ら仕事を創り出し、自分の考えで人生を切り拓いていく別の生き方があること、人生にはさまざまなコースがあり、自分に力があればそれが可能であることを知るようになります。そのため、これまで自分が依存して所属してきた世界を振り返るようになり、新たな可能性を考え、自らを変えようとすることができるようになるのです。それは子どもの意識が変わり始めて、新たな世界観が育ち始めているといえるでしょう。

（3）社会人として必要な能力が養われる

起業教育のプログラムは、学習者の発達段階に応じてさまざまな取り組みが考えられますが、いずれのプログラムも早いうちから実際に、地域社会や実態経済等に触れさせて学びます。それは、子どもたちを早くから社会に役立ち必要とされる存在として育てることが大切と考えるからです。

これまで紹介してきたように、例えば起業教育のビジネスモデルでは、仲間とともに自分たちの力でビジネスを展開することになります。小学校、中学校・高校いずれの段階でも導入は可能であり、アイディアには大きな差がなく、いずれの段階でも素晴らしい取り組みが現れます。ただし、基礎になる知識や技術にはもちろん差がありますから、でき上がりは違います。特に高校生の段階になると、イノベーションに目覚めた完成度の高いビジネスプランを作り、実際に流通可能な商品を開発するまでになります。ともかく会社経営の疑似体験は、起業精神を育てるだけでなく、早くから社会やビジネスに目覚めさせ、実社会やビジネスに必要な知識だけでなく、ビジネスのノウハウをも体得させることになります。さらに、早期から実社会に対する関心が養われ、被雇用者の立場だけでなく、起業もありえる新たなキャリア観が養われるようになることの意義は大きいでしょう。間違いなくそれらの能力は社会人として必要とされる能力であり、さらに生涯学習社会に役立つ、貴重な戦力となるでしょう。

改めて、ビジネスプランで養われる主な能力を簡単に挙げておきます。リーダーシップ、チームワーク、コミュニケーション能力、情報活用能力、プレゼンテーション力など。また、起業教育で大事なのは新しい独自の提案やアイディアですから、当然のことながら創造性も養われます。とにかくこれまで普段の授業では養われなかった、社会人として必要な実践的能力を早くから養うことを可能にしたのが起業教育といえるでしょう。

（4）創造性の開発に役立つ

創造性の育成が語られるようになり、書店には創造性に関する本があふれてはいますが、実際には創造性の開発法や指導法、さらに活用について紹介するものは意外と少ないようです。ましてや学校教育の現場では、創造性育成教育は未開拓に近い分野でもあるといえるでしょう。

現代芸術家の村上隆氏が「芸術起業論」の中で、「芸術大学の学生がいくら作品を創っても、ほとんどの学生が食べていけない現実がある。これまで食べていける道を大学も誰も真剣に教えてくれなかった」と訴えていましたが、社会が創造性を語るだけでその開発法や活用法について十分に考えてこなかったとするなら、創造立国日本も単なる標語に過ぎなくなってしまいそうです。このような中で、起業教育が創造性の育成について踏み込んだことの意義は大きいのではないかと思います。これまで、起業教育が開発してきたプログラムやアイディアを引き出す手法は、これからの創造性教育の参考になるのではないでしょうか。以下、起業教育から生まれた創造性の育成について書いてみます。

最初に、創造性の定義そのものが難しいのを承知で、簡単に要約してみると、創造性とは模倣ではなく「新しい価値となるものを創り出すこと」と定義することができるでしょう。そして創造性豊かな人とは、発明家の世界なら多くの人に役立つ画期的な新しい創作物、発明をした人であることになります。ビジネスの世界なら人を驚かせるような、今までになかった新しい企画やアイディアやヒット商品などを提案できた人。また芸術家なら、人々の心に響くような価値ある作品を提案できた人や、高い値のつくような作品を生み出した人。学者なら、これまでの定説を覆すような発見をした人のことといえるでしょう。

また、それを逆から見ると、たとえ新しいものをたくさん創り出し提案したとしても、それらが評価されない役に立たないものでしかない場合は、創造性豊かな人とは決して呼ばれません。人の役に立たない作品は、創造的な作品と見なされないことになります。つまり創造性豊かな人や作品が先にあるのでなく、評価されるから創造性豊かな人や作品などが生まれるのです。評価されるものになっているから、優れた企画であり作品なのです。

この事実は重要であると思います。

そこで起業教育では、創造性を子どもたちの身近なものにするために、新しい価値を生み出させる意味で「人の役に立つ新しいものを作ってみよう」と呼びかけるのです。役に立たないものを作らないようにしよう、という意味が込められていることにもなります。そして一番分かりやすいモデルとして選んだのが、商品の開発という取り組みなわけです。人の心を動かせるような新商品開発の取り組みが、創造性を解放してアイディアを生み出させる仕掛けになっているのです。もちろん商品開発の代わりに新イベントの企画や新しいデザイン、各種の企画提案などが考えられるのも当然です。

さらにもう一つ大切なのは、何らかの課題を解決する際に発揮される力が創造性であるという視点です。さまざまな新しい価値となる面白いアイディアや作品や知的生産物は、何らかの課題意識の中から、葛藤の末に生まれ出てきたものがほとんどです。それは、何らかの課題意識が先になければ創造性は発揮され難いということを意味しています。また、個人にとって突破しなければならない課題が焦点化され、具体的に見えてくるほどに、創造性は発揮されやすくなるということも示しています。強い課題意識と創造性は切り離せないといえるようです。

そのため起業教育のビジネスモデルが、身近な地域社会の活性化をテーマにして、新たな商品開発などに取り組むのも、課題を明確にしてより具体的にしてやることが、子どもの創造性の育成に欠かせないからです。起業教育は子どもたちの創造性を養うための、課題解決を図らせる取り組みであること。そして、自らのアイディアで新しいものを生み出す試みに挑戦させることが大切であることを教えているのです。

実際に取り組む子どもたちの様子を紹介すると、まず起業教育のプログラムが始まってすぐに、新しいものを生み出すことの難しさにぶつかります。そこで子どもは必要な情報を集めて参考にしようとします。しかし、先人のアイディアは知的財産権により守られていることを知ると、より自分らしいアイディアを模索するようになります。開発者である子どもたちにとって、試行錯誤しながらアイディアを練っているこの間の挑戦が、創造性が解放されている時間なのです。やがて苦しみながらも、自分なりに考えた結果を出してくるようになります。その過程で、アイディアを生み出すことがいかに難しく、またいかに嬉しいものなのかを知るようです。そして、クリエイティブであることがいかに大切であるかを理解できるようになるのです。

付け加えておくと、アイディアが生まれるまでにはさまざまな思考力が試されていることが分かります。子どもたちは、状況を正確に把握するためには客観的に分析して、論理的に考えなければなりません。新しいものを生み出すためには、前例を乗り越えなければなりませんから、批判的に考えることを覚えます。さらに、どう考えたら良いアイディアが生まれるのかという発想力の問題にも取り組むことになります。ここで発想指導として、ブレインストーミングやラテラルシンキング（水平思考）に触れさせることも有効なようです。

注目してほしいのは、これまでの学校教育の中で扱うことの難しかったロジカルな、クリティカルな、そしてラテラルな思考力が自然な形で身に付いていくことです。とにかく、子どもたちはアイディアを生み出す葛藤の中から柔軟に考えなければならないことを悟るようです。

ＡＩの時代、生涯学習社会の時代を迎えて、起業教育が創造性の育成について正面から取り上げて指導してきたことの意義は大きいでしょう。起業教育は、近未来の人工知能が人間の知的な能力を上回ると予想されるシンギュラリティの世界にこそ必要とされるのではないかと思います。

（5）新たな協働教育のモデルになる

個人の社会資本力を育て、地域社会の再生に役立つのも起業教育の特徴といえます。そんなに遠くない昭和の昔ですが、学校と地域社会が強い絆で一体となっていた時代がありました。農村部の学校では、田植えの時期に合わせて田植え休みの日があり、地域の祭礼には学校も子どもたちも進んで参加していたのを思い出します。当時の地域社会には、共同体成員としての強い意識や、互助の精神も生きていました。そして学校も子どもたちも地域社会の一員として、お互いに助け合い、手伝い合うことを当然のこととして暮らしていたといえます。

しかし、日本の産業化や都市化が急速に進むとともに、地方人口は減少し続けて、地域社会の衰退も進みました。今では、地域の伝統的な行事や慣習も、地縁も消えかけており、残された住民の地域活動も現状を維持するのに精一杯で、防戦一方の地域活動に変わってしまったのです。

一方、人口が増えた都会でも、都市部に新たな地域共同体が成長したわけではありませんでした。むしろ都市部では、個人主義が進んだ結果、同じ団地や同じマンションに住む住民でありながら、一体誰が近所に住んでいるのかも分からないのが常態になり、隣近所の付き合いもなく、地域社会として一体になることができずにいます。

この間、地域社会の衰退に合わせるかのように、学校もまた地域社会との関わりが薄れて、孤立するようになりました。それとともに子どもの活動範囲は縮小し、地域から子どもたちの姿も見えなくなりました。そして現在は、片親や崩壊家庭も増えるなど、孤立する子どもたちの姿も目立つようになってきました。子どもの自立が難しい地域社会が広がってきているといえるでしょう。現在、子どもたちを取り巻く地域の環境は、子どもたちが活躍したり寛いだりできる場も縮小するなど、教育の環境としては必ずしも恵まれていないのが実情といえるでしょう。

ところで、起業教育は社会に向けた自立のレッスンとして、開発が図られてきました。その際の自立を図る社会のイメージとは、個人主義的な、たった一人で社会に自立するような、無国籍な市民が住む、寂しいイメージの社会ではありません。あくまでも、子どもの自立を応援する家族がいて、さらに周囲には子どもたちの成長を温かく見守ってくれる住民もいて、子どもたちを社会の後継者として期待して応援してくれる地域社会が広がっていくイメージの社会です。

そこで起業教育が提案してきたのは、地域の環境が再び整うのを待つのではなく、むしろ逆に、地域社会のさまざまな状況を、子どもたちも解決していかなければならない学習課題として取り上げることでした。子どもたちから地域に働きかけて学ぶこと、地域の課題などをテーマにして学習を展開することでした。そのため起業教育の学習テーマには、地域の活性化を狙った取り組みや、地域づくりを掲げたものが多いのです。つまり子どもの自立は、地域社会の再構築や自立を創出する作業と一体と考えて、テーマ設定をしているのです。けっして単純な金儲けの勉強をしているわけではないのです。そして子どもたちの心には、社会に対する関心が深まるほどに、地域社会の一員としてのアイデンティティーと愛郷心が養われることになります。

現在、国は社会総がかりで子育て支援に当たることを呼びかけています。しかしその際に、子育て支援の主体となる部隊は一体誰なのか見えないところがあります。さらに、子どもたちを、あくまでも支援を受ける庇護の対象としてのみ位置付けているのが気になります。

実際の子どもたちは、わけもなく世話をしてもらうよりも、社会の中で活躍する場がないことや、認めてもらう機会のないことでも苦しんでいるのです。

とにかく、子どもの自立は、一方的に庇護されて与えられて勝手に育つものではありません。むしろ必要とされ、鍛えられて、自らを磨く過程の中で育つのです。外から期待されて初めて、社会に貢献しようとする意識も生まれ育っていくことを忘れてはいけません。

従来の地域協働教育のほとんどが、地域が一方的に学校の子どもたちを支援する、庇護する視点で成立していました。しかし起業教育に取り組む子どもたちの立場は、地域社会の課題を大人だけでなく、自分たちもまた課題意識を共有して、より良い地域社会をつくるのに何か役立ちたいと考えて取り組むのです。子どもたちが地域に向かって、住民の皆さん、私たちの新たなまちの物語を創る学習の取り組みを応援してくれませんか、一緒に参加してくれませんかと、逆に地域社会に協働を呼びかけるところからスタートしていることになります。

ところで、日本の起業教育のテーマ設定は、あくまでも個人の利益を優先するのでなく、世のため人のための利益、共同体の幸せの増大をいかに図るかといった、日本の伝統的な共存共栄を図る企業経営のモデルの上に成り立っているといえます。この辺は、欧米型の個人の利益を最優先するグローバル企業をモデルにしたアントレプレナーシップ教育の取り組みとは大きく違います。一線を画しているといえるでしょう。

子どもたちは起業の言葉で奮い立ち、地域社会に役立てることに喜び、普段の授業にはない高揚感の中で取り組むのです。また、周囲の大人の心にも変化が起きるようです。住民にとって、子どもたちは日本の未来でもあり、社会の後継者でもありますから、多くの住民は子どもたちの活動に協力を惜しまなくなります。さらに、起業教育に触発されて自らも地域活動を始める住人や、コミュニティ・ビジネスに目覚める住人も現れるようです。とにかく、子ども発の起業教育が、親世代、祖父・祖母世代を巻き込んで、三世代協働の地域再構築、地域創生の試みとなり、学校から地域社会を巻き込んで広がることができるといえるでしょう。

起業教育が生み出した、子どもが積極的に地域社会に働きかけて学ぶ学校発の協働学習のスタイルは、子ども自身を育てるだけでなく、住民の意識を前向きに変え、新たな文化を育てることにつながるなど、新たな可能性を見せてくれているのではないかと思います。

二　生涯学習時代の基礎教育として

ところで、日本の社会には起業率の低い問題があるように、教育界にも自立心の高い人材を育てられない、創造性の育成が難しいなどの問題があります。これからも教育界が進取の気風の乏しい意識から抜け出せず、管理教育の枠や受験オンリーのシステムを維持し続けるなら、いくら「生きる力」の大切さを説いても若者の心は動かず、日本の未来も明るくならないでしょう。今後、日本の創造文化を育てるためにも、自立心を促し創造性を育てることのできる起業教育の果たす役割は大きいといえるのです。

ところで、生涯学習社会は永続的な学習を通して生きていく社会ですが、長寿化とテクノロジーの進化が一段と進む社会は、私たちの人生が後半に差し掛かるほどに、ますます高度な情報を求めてくる社会になるでしょう。今や、人生九十年を超すのが当たり前になろうとする時代であることを考えると、学校などのフォーマルな教育の期間は、たとえ大学院を入れても二十年にもなりませんから、その遺産で、後の変化の激しい長い人生を乗り切っていくのは無理な話ではないでしょうか。しかも年金生活だけでは生きられず、預金も不動産も当てにならないとしたら、従来の人生の生活設計モデルそのものが見えなくなります。

国民一人ひとりが、これからの高度な情報経済社会、生涯学習社会を乗り切っていくためには、自己教育力だけでなく、よりクリエイティブな人材として、一人ひとりの付加能力を育てることのできる教育の導入や生涯学習社会の実現を考えていかなければならないのです。

改めて、私たちの未来を創造することができる基礎教育として、起業教育の導入を真剣に考えてほしいと願います。

第七章　起業教育導入の問題点と可能性について

起業教育は、必ずしも順調に発展してきたわけではありません。しかし、時代の変化が再び起業教育を求めるようになってきたことが分かってもらえたかと思います。

そこで、起業教育を新たに定着させるために、これまで起業教育の導入を難しくしてきた問題点を先に取り上げ、その後に起業教育から見えてきた新たな可能性について書いてみます。

一　導入を難しくしてきた問題

二〇二〇年以降の小・中・高校の新学習指導要領案がまとめられ、国際化や情報時代の動向をにらみ、小学校からの英語教育の充実、全教科でのアクティブラーニング（能動的学習）の導入、ＩＣＴ活用能力の育成を図るためプログラミング教育の必修化などが決まりました。社会が激しく変化していくのに合わせて、教育環境もまた大きく変化していく時代を迎えているといえるでしょう。

そこで今後、起業教育の導入を考える際に、教育界が乗り越えていかなければならない問題点について触れてみたいと思います。その問題は起業教育の導入だけでなく、総合的な学習の導入をも難しくしてきた問題であり、また、これからの主体性育成教育やアクティブラーニング導入などの際にも立ちはだかる問題であると思います。

（１）未開拓だった人格の完成を図る教育の問題

ところで、普段、私たちは教育の目的を考えることはありません。しかし、教育基本法に示されているように、学校教育の目的には、本来、人格の完成を図る教育と、国家社会の形成者にふさわしい人材を育てる教育という二つの役割があることを、思い出してほしいと思います。

明治以来の学校教育は、日本の近代化の原動力としての役割を担ってきました。そのため、主に国や産業界が望む人材を育成する側面に焦点が当てられ、国家社会にとって有為な人材を育てる観点から教育が行われてきたのです。そして、欧米追従型の教育課程により、長年にわたって授業が展開されてきたといえるでしょう。それは、日本が世界の中で先進国としての地位を得るためには必要なことだったのかもしれません。

しかし、そのために、教育の目的のもう一方の柱であった人格の完成を図る教育、個人の資質を育てる教育は後回しにされ、疎かにされてきたといえるでしょう。いまだに先生方が総合的な学習や主体性の育成教育が苦手なのも、これまで人格の完成を図る教育が軽視されてきたことと無縁ではないように思います。

とにかく、国や社会の形成者として育てる教育とは、教師主導で、国や社会が望む価値観や知識を子どもたちに教え込む教育が中心であり、昔ながらの典型的な学校教育の世界です。

もう一つの、これまで軽視されてきた人格の完成を図る教育となると、個人が自立して生きていくのに必要な資質や能力、実践力などを養う世界にあたります。個人を育てるためには、一人ひとりの学ぶ意欲や主体性が欠かせません。さらに個人を育てる教育は、発達段階も個性も違いますから、一律に育てることができない難しさもあります。人格の完成を図る教育は難しいのです。

とはいえ、すでに世の中は、長寿社会、ＡＩの時代、本格的な生涯学習社会の時代を迎えています。長い人生を自己責任で生きていかなければならない時代がきていることを考えると、教育への投資も、個人の能力開発のために、今後ますますなされなければならないでしょう。

これまで疎かにされてきた人格の完成を目指す教育に、学校教育も正面から向かい合わなければならない時代が来ているのです。

長年、教育の現場にいて痛感するのは、多くの教師たちが教育の目的に二つの側面があることへの関心や、個人の自立を促す教育への必要性を感じることのないままに、総合的な学習に取り組んできたことです。そのため、総合的な学習のような教科書もなく点数もつけられない手間のかかる授業は、手抜きになりがちです。とにかく、総合的な学習を余計なもの扱いする教師は、いまだに多いといえます。また親やマスコミも、相変わらず学校に期待するのは偏差値や進学率や就職率ばかりですから、なおのことなのでしょう。

とにかく、日本の教育の質がなかなか変わらないのは、学校だけでなく、教育界全体を取り巻く意識が基本的に変わらないためともいえるでしょう。明治以来の公教育は、国民の教育水準を高めるのに役立ち、経済・社会発展の原動力として機能してきました。そして時代を経ても、現在に至るまで、基本となる教育思想や授業スタイルはほとんど変わらないままに受け継がれてきています。今も学校の役割は、教師がしっかり教え込み、生徒はひたすら与えられた内容を勉強して覚え込む場所なのです。その成果は点数や偏差値となって反映され、やがて難関校への合格として報われるといった教育モデルで行われているといえます。このモデルはかなり強力であり、現在も教育界を支配しているといえるでしょう。

考えてみれば、これまでの学校教育は、自分に投資して育てることの大切さを教えないままできました。学校では、長期にわたり他律的な学習で一律に育て、さらに子どもたちの能力を数値化して評価してランク付けして、さらに選別をしてきたのです。そのため、不必要な劣等感を育てて自己評価を下げるなど、子どもたちの大切な自我を傷つけてきたともいえるでしょう。結果として子どもたちの内発力が弱まり、主体性や自立心が育たず、生涯学習社会に求められる自己学習への意欲や好奇心も失われてきたとするなら、悲しいことでもあります。とにかく、総合的な学習の導入に苦労しているように、人格の完成を図る教育の分野は、まだまだ未開拓に近い分野の教育といえるでしょう。

起業教育が時代に先駆けて、生涯学習社会に必要となる個人の能力を育てる自立のレッスンとして開発が図られてきたことを、覚えていてほしいと思います。

（2）変われない教師の意識の問題

多くの先生方の世代は、ティーチング主導で知識を詰め込まれ、点数至上主義の世界の中で育ってきました。そのため、人格の完成を図る教育について、自らも考えることができなかったのかもしれません。

そして現在、教育改革とともに生きる力の育成が求められ、課題解決能力や自己教育力の育成等が重要視されるようになってきました。しかし、先生方の経験から生まれた意識はそう簡単に変われませんから追いつけず、個性を育てる教育をイメージできる人が少ないのでしょう。結果として、総合的な学習等を苦手にする人が多くなるようです。

この変わらぬ教師の意識構造、固定観念を簡単に描いてみると、次のようになるでしょうか。

基本的に、教師は子どもを指導・操作する対象と見なしています。そのため、どんな場面でも子どもを指導したがり、必要以上に子ども扱いしたがります。また、成績というフィルターなしに子どもの能力や可能性を見ることができませんから、どうしても、子どもの主体性に対する敬意は少なくなり、一人ひとりの能力を引き出して育てようとする意識は希薄になります。また研究者の中にも、脳科学や遺伝子工学などを持ち出して、人間の自発性すらも、ペットのように思いのままに指導管理できるかのように説明する者もいるから厄介です。これでは、子どもの主体性を育てることはできないでしょう。

教師にはもう一つの先入観があります。それは、学びとは学校教育がすべてであるという学校中心主義の思い込み、固定観念です。とにかくフォーマルな学校教育以外に学習の機会はないと思い込んでいますから、インフォーマルな、あるいはノンフォーマルな学習には興味はありません。生涯学習とは、社会人の趣味の世界やカルチャースクールのことであり、自己学習とは、学校教育の補習や宿題程度のことと思っています。ですから、子どもの自己教育力や自律的な学習動機で学習が成立することを、本気で考えることができません。当然、子どもの好奇心に応えるすべも知らないのです。

これらの先入観は、教師だけでなく親もマスコミも、そして社会全体でいまだに根強く共有されているといえます。

とにかく、教育界で考えている主体性教育とは、変革の時代に荒野を自らの力で切り拓いていくようなたくましい独立した主体性ではなく、せいぜい英語が話せて国際人になる程度の小さな世界、サファリパーク内の主体性から抜け出せていないように見えます。これでは新しい世界を切り拓いていくような、スケールの大きな人材が次々と生まれる国になることはなさそうです。

（3）限界がある管理型の主体性教育

明治以来の学校教育の本質は、国家・社会にとって必要な人材育成、欧米追従型の教育が中心でした。そして、もう一つの教育の柱である人格の完成を図る教育、個人に投資する教育は、これまでは熱心に行われてはきませんでした。そのため、先生方の意識もなかなか変わることができず、新しい時代の変化に対応できなくなっているというのが現実なのです。

そのためでしょう、現在、主体性教育として行われている授業の多くが、小さなラーニング作業をさせて、それを教師が評価するスタイルで行われているようです。相変わらず教師主導の管理型教育の範疇から抜け出せない、中途半端な取り組みが多いといえるでしょう。

さらに、現在考えられている主体性教育の大半も、子どもの個性を尊重して個性を引き出して育てるのではなく、あくまでも国や産業界の要請に応えて、国が求める国際社会に通用する人材の育成を主目的にしているように見えるのが残念です。

日本が欧米先進国に追い越されないために、これからも国を挙げて産業社会が求める人材を育成しなければならないと考えるのは分かります。しかしそこで止まってしまっては、昔ながらの途上国型の教育と本質は何も変わりません。韓国や中国が考えている教育と同じレベルになってしまいます。

しかし、これから求められる教育は、従来の追従型の人材育成教育の観点からさらに進んで、成熟した社会にふさわしい価値創造型の人材を育成する教育にあるはずです。

今後、日本の教育の中で個性豊かな起業精神あふれる人材、創造性豊かな若者を育てることができれば、課題先進国である日本の重要な戦力として育てることができます。さらには、世界のさまざまな先端分野の開拓者として、あるいはリーダーとして活躍する人材を育てることになるのではないか、と考えることはできないのでしょうか。

これからは、日本の教育が世界の水準に追いついて満足するのでなく、その先を目指して、成熟した日本の社会にふさわしい子どもの付加能力を育てる教育、個人の中に眠る能力を引き出して育てることのできる主体性教育を目指してほしいと思います。

とにかく学校教育の意識改革も体質改善もなかなか進まない中で、起業教育がすでに、この問題に正面から取り組んできたことを参考にしてもらいたいと思います。

（4）生涯学習を支える主体性教育の視点が欠如

人生九十年の時代になりました。私たちがフォーマルな教育で学ぶ期間は、大学を入れてもせいぜい十六年程度に過ぎません。その後の長い人生は、生涯学習社会と呼ばれているように、自らの力で永続的な自己学習を頼りに、自己責任で生きていかなければならないのです。社会ではすでに、ＡＩの汎用やロボットやＩｏＴが私たちの生活を大きく変えようとしていますが、その先はまったく予測も困難な世界であることを考えると、私たちの自己学習もまた、一段とスキルを上げていかなければならなくなってきたようです。

とにかく今日、主体性教育が重要になってきた背景には、国や産業界の要請である以前に、個人もまたモデルのなくなってきた社会を、自らの才覚と自己責任で生きていかなければならない時代を迎えている、ということがあるのです。

これまでの主体性教育は、学校教育の狭い範囲の中でのみ語られてきました。しかしこれからの主体性教育は、一人ひとりの人生を支える、生涯学習時代に欠かせない大切な資質を育てる視点で語られ、取り組まれていかなければならないだろうと思います。生涯学習社会に必要な主体性の育成に焦点を合わせて主体性教育を語る時代が来ているのではないでしょうか。

（5）クリエイティブな人材を育てられなかった学校教育

近年、時代の変化とともに偏差値の高い、受験エリートを養成するだけでは通用しない世界が広がりを見せています。これまで学校教育が守備範囲外にしてきた、個性や右脳にまたがるようなさまざまな能力——例えば思考力や知的創造や独創性、ハイコンセプト、ハイセンスなどの多様な能力を持つ個性的な人材、創造性豊かな人材が求められるようになり、価値を創造するクリエイティブな能力を持つ人材が、今後世界中で活躍をする時代になるだろうと予想されるようになってきました。

すでに子どもたちも時代の変化を敏感に感じているようで、これからの学歴が、決して自分の身分保障にはならないだろうと考えており、ネット等を通じて必要な情報を世界中から集めて自分を磨き、自分探しに役立てようとしています。

しかし多くの先生方は、自分が受けてきた教育を再生産するかのように、いまだに点数を追いかけさせるだけで、その一方ではアリバイ作りのような総合的な学習やアクティブラーニングを展開しているといえるでしょう。

とにかく今や、デジタル革命などのテクノロジーの進化により、個人で大量の情報を扱い、一人でも学習を続けることが可能になりつつあります。実際に世界中で、学校教育の範囲に縛られない若者の才能が次々に開花していることを考えると、そろそろ日本でも途上国型の追いかける教育で済ませるのではなく、先進国として、成熟した社会にふさわしい個性重視の視点で、クリエイティブな多様な人材が育つように教育環境を整備すべき時期が来ているのではないでしょうか。

本来、教育・学習とは社会に役立つだけでなく、誰にとっても自らの可能性を育ててくれる大切な機会であり、学ぶほどに自らの能力や喜びが高まる、自らの行動をさらに自由にしてくれるはずのものです。しかし残念ながらこれまでの学校教育は、それらの期待に十分に応えることはできなかったようです。

二　導入がもたらす新たな可能性について

そこで最後に、起業教育が導入された場合の、新たな可能性について触れておきましょう。新たな可能性として、以下の四つの視点を挙げたいと思います。

（1）主体性教育のエースとなる

教育界は相変わらず、学力テストの結果で一喜一憂しているように見えます。かつての総合的な学習導入時の熱気は消えてしまい、自ら課題を見つけて解決を図る課題解決能力についても、今や、課題解決型の問題を読み解く能力に矮小化された感もあります。まさに時代の流れに逆行するかのような点数至上主義、指導一本槍の教育の復活のように見えます。子どもの個性を引き出す教育、主体性を育てる教育がいかに難しいかを改めて思い知らされます。とはいえ、時代の変化が主体性の育成を求めているのは間違いないでしょう。

ところで起業教育では、教師主導の授業の中で主体性を育てることは難しいと考えています。

主体性は子どもたち一人ひとりの持って生まれた財産ですが、その成長を阻んできた責任の一端は、教師主導で他律的な学習を強いてきた学校教育にもあると考えているからです。子どもたちの視点に立てば、学習内容はいつもマスターしなければならないもので、選択の余地はありません。そして現在進行中の主体的な学習も、他律的な学習の中で学ばざるを得ないわけです。たとえ、演習やグループ活動などを少し増やしたとしても、教師が出題して教師が評価することには変わりありませんから、授業の本質はこれまでと変わらないといえます。これでは主体性は育たないでしょう。

とにかく、先生方が普段の授業、ティーチングの延長上で主体性を育てることができると思い込んでいることが一番の問題なのです。主体性の育成には起業教育のように大きなラーニングで学ぶ、質の違う教育が必要なのだと思います。

起業教育が切り拓いた主体性育成の画期的なところを、二つ挙げましょう。一つは、大きなラーニングを可能にしたことです。まず起業という言葉には、自分の力を頼りに解決しなさいという使命感、メッセージが込められ、教師の過干渉をも防いでいます。そのため子どもは、自ら行動を起こさなければならないことや、頼りは自分の総合力であることをはっきりと悟るわけです。そして自分を育てるのは自分でしかないことに目覚めますから、一気に主体的になり、自立心にも目覚めていくのです。

もう一つが評価の問題です。普段の授業は、教師のみが子どもを評価します。しかし起業教育の授業は、最終的に外部の第三者に評価してもらいます。そのため、子どもはラーニング主体の学習を、教師に頼ることもなく、自らの判断で終わりまで続けることができます。そして、はたして自分が通用したのかどうかの客観的な評価を得ることができますから、自分を振り返る力はよりリアルになり、自立心は飛躍的に高まるのです。つまり、起業教育は従来の主体性教育の限界を突き破ったといえるでしょう。起業教育は社会に向けた自立のレッスンと呼ばれているように、主体性に留まらず、自立心をも育てているのです。起業教育こそ、主体性教育のエース格なのではないかと思います。

（2）クリエイティブな人材育成に役立つ

教育基本法の前文で創造性を備えた人間の育成をうたっているように、創造性の育成が今後ますます大切になることは言うまでもありません。しかし学校教育の中で、主体性以上に育成が難しいのが創造性です。学校の中では「創造性豊かな○○」というようなフレーズが盛んに躍りますが、これまで、まともな創造性育成のプログラムはありませんでした。せいぜい芸術系の創作活動を創造性育成の教育に見立ててきただけで、創造性の育成について正面から取り上げてきたことはなかったといえます。

これまで、日本の教育の特徴が知識習得型の詰め込み教育が中心であったことを考えると、創造性豊かな自由な主体を育てることが難しかったことが分かります。

このような状況下で、創造性の育成に関する大きな手掛かりをもたらしたのが、起業教育です。起業教育は起業精神の涵養を図るとともに、創造性育成の問題にも正面から取り組んできました。その結果、これまで詳しく紹介してきたビジネスモデルのように、新たな創造性育成のモデルとなる学習プログラムを創ることに成功したのではないかと思います。

起業教育のビジネスモデルでは、子どもたちは課題となるテーマに沿って、オリジナルであることにこだわりながら自由に発想して「役に立つ新しいモノ、新しい企画」の作成に挑戦してきました。そして、新しい価値を生み出すことの難しさや楽しさを知り、アイディアの大切さを学んできたのです。とにかく起業教育は子どもの創造性を解放して、その育成を図ることが可能であることを証明してきたといえます。

起業教育の導入は、自立のレッスンとしてだけでなく、クリエイティブな人材の育成にも役立つ学習といえます。創造性が求められる本格的なＡＩや生涯学習の時代を迎えて、今後ますます必要になる学びであり、その成果は、日本の起業文化や価値創造社会の底辺を育てることに役立つことでしょう。起業教育は、創造立国日本の創出のためにも必要な学びといえるのです。

（３）自己教育・自己経営の必要性が学べる

現在行われているキャリア教育のほとんどは、雇用社会を前提に、雇われることを前提に展開しています。そのため多くのキャリア教育は、即、職業指導教育や職場体験教育になってしまうようです。

一方の起業教育の場合は、雇用社会がすべてではなく、仕事や会社は、自分から創ることができることも教えます。そして学習を通して、起業精神とともに、やがて社会で必要とされるさまざまな能力、例えば、創造性だけでなく経済の知識や情報処理能力、プレゼンテーションの力、リーダーシップやチームワーク力などが養われるのです。

そのため、子どものキャリア観が変わります。どこに勤めるかという目先の職業キャリアの視点から離れて、長い人生を見通したライフキャリアの視点が得られるのです。
ある高校生が、「今は、自分に合った本当にしたい仕事を探すのは大変なことを知りました。でも、自分の好きな仕事を見つけて、始めることもできるのなら、いつかチャンスがあれば私も起業できるかもしれないと考えられるようになり、生きるのが楽に元気になりました」と話してくれましたが、起業教育の視点が入ると、キャリア意識も大きく変わることが分かります。

現在、学校では「生きる力」の育成を掲げて教育が行われるようになりました。しかし、教育の現場では必ずしも大きな変化が起きているわけでもないようです。そもそも人間は、生きていくこと自体を目的にして生きている動物ですから、「生きる力」を掲げただけでは目新しくもないのかもしれません。

ただし、起業教育を通して見えてくる「生きる力」があります。それは、子どもたちが漠然と考えてきた生き方はどこかに所属することでした。どこに所属するかで後の人生が決まるという思いで暮らしてきたといえます。しかし、起業教育を通して見えてきた生き方は、自分の夢や希望を活かしていく、オーダーメイドの人生を送ることもできることでした。そして気がつくのは、起業家が会社を経営していくように、自分の人生も自分でモデルを作って自己経営していくことができるのではないかということ。ここで初めて、自己教育力の必要を自覚するようにもなるのです。自らの人生に目標を描いて自己実現を図るためには、自己学習が欠かせないことを知るのです。

自己経営を図っていくためにも、普段から自己教育力（自己学習）を発揮して自分を育てていくことが大切であり、自分の能力の開発と強化に投資していく必要を悟るのです。今では、雇用されて勤め上げ、退職後は年金で暮らしていくという、人生七十年の時代につくられた生活モデルそのものが崩壊しつつあります。そのため、これからの若者の世代は、社会の変化に対応して、自らの人生は自分の才覚で、リスクを取るとともにチャンスをも活かして生きていくのが当たり前になっていくでしょう。

従来の学校教育は、どこに所属するかという属性を重視する教育でもありました。それに対して、起業教育が教えるのは、長い人生をライフキャリアの視点で眺めること。納得できる人生を送るためにも、自己学習（自己教育力）を重ねて自己経営を図ることが必要であることです。子どもたちが自己経営に目覚めることの大切さが分かるのではないかと思います。

生涯学習社会の学びの主流は、生きることそのものを支える自己学習（自己教育力）であり、自分への投資でもあることを考えると、早くから起業教育を体験して自己経営に目覚めさせることの意義は大きいといえるでしょう。

（4）社会のアイデンティティーが育つ

現在、国はすべての子どものために、学校、家庭、地域、企業、団体、メディア、行政が一体となって、社会総がかりで教育再生を図るように呼びかけています。そして、起業教育はそれ以前から地域社会との協働を呼びかけて、実績を上げてきた教育でした。ここで、起業教育から見えてきた、学校と地域社会との関わりに関する問題点と可能性について挙げておきたいと思います。

まずは子どもたちと社会の関わり方についての問題点です。日本の社会は子どもに優しい社会と言えばそれまでですが、子どもはいつも受け身で助けてもらう側で、そして学校もまた助けてもらう側であるという一方向の支援関係を前提にしていることに問題があると思います。

現在、全国のほとんどの地域で人口が減り続けている中で、共働きの家庭が多くなり、片親の家庭や問題のある家庭も増え続け、地域活動そのものが衰えてきています。また地域には、ＣＳＲ（企業の社会的責任）を果たせるような地元企業は少なく、責任ある市民活動団体もなかなか見つからないのが普通です。いずれにしても現実は、地域社会が学校や子どもたちを支援する態勢を作ること自体が難しいことが分かります。

また、起業教育を通して見えてくる子どもたちは、一方的に助けてもらうことを望んではいません。子どもは日頃から、自分も活躍して社会にも認められたいと願い、自らの存在感を確かめられる機会があることを望んでいるのです。必要以上に子ども扱いされて保護されるのではなく、それとは逆に期待され頼られて、自立のチャンスを与えてくれるような地域社会からの支援を待っているといえます。

そこで、起業教育が提案してきたのが、学校もまたリーダーシップを発揮して地域づくりに参加することでした。学校も地域の物語を作る活動に積極的に参加して、住民とともに次世代を育てること。そのための相互連携・協力の支援態勢をつくることでした。

学校が地域づくりに積極的に参加することにより、初めて子育てと地域づくりを共通の目標にする協働関係と信頼関係が生まれてくる。子どもも地域住民の構成員の一人としてのアイデンティーを育てることができると考えたのです。各団体がお互いに助け合う、ギブ＆テイクの関係にあるからこそ、相互の支援態勢、協働事業が長続きして発展することができるのです。それが一方的に助けてもらう関係なら、協働事業は長続きも発展もしないでしょう。

とにかく、学校も自ら主体的に行動を起こすことが大切であり、地域からの支援を当てにして、待っているだけでは何も生まれないと思います。付け加えておくと、外からの支援を当てにしている学校ほど教育改革にも不熱心なようです。とにかく一方的に助けてもらう関係は、お互いを成長させないといえるでしょう。

また、起業教育のテーマが、いつも社会貢献や地域づくりをテーマにしてきたのを思い出してください。起業教育に取り組む子どもたちにプライドが生まれ、自信が育つとともに、社会に貢献できる自分たちの姿に誇りを持つようになり、地域社会を今まで以上に愛するようになるのです。子どもたちは庇護の対象になるよりも、社会に役立ち活躍できる舞台を望んできたのが分かります。

また、起業教育を展開してきた学校ほど、地域からの信頼が厚くなり、学校・地域協働で、社会総がかりで子育て支援に当たる態勢を築くことができるようです。

起業精神は学校から地域社会に、子どもたちから大人にも広がり、共有することにつながるといえるでしょう。

第八章　起業教育が未来を拓く

今後、起業教育の導入が社会に何をもたらすことができるかを予想してみたいと思います。

一　起業教育は新たな国際競争力を育てる

ところで私たち日本人は、長年にわたり教育先進国としての伝統を維持してきました。その成果なのでしょうか、平成二十五年度に発表されたＯＥＣＤの国際成人力調査ＰＩＡＡＣの結果では、日本は先進二十五か国の中で平均点トップの成績でした。また同じＯＥＣＤの高校生を対象にした学習到達度調査ＰＩＳＡの二〇一五年度の結果でも、人口一億を超えるような大国の中で、ゆとり世代の子どもたちもトップクラスの成績を上げています。それでも私たち日本人は、教育以外に有力な資産がないと思っていますから、まだまだ油断してはならないと考えます。最近は、毎年のようにノーベル賞の受賞者が続いていますが、それでも簡単に喜ばないで、これからも続くとは限らないと戒め合います。また、日本の留学生が少なくなったと言われると、若者の国際競争力が落ちてきたのではないかと心配します。英文引用の論文数で日本の大学のランキングが下がったと言われると、日本の大学は使いものにならないと危機感が煽られます。さらには、日本人は英語の才能がないから国際化できないだろう、あるいは、授業の半分は英語にしなければならないとの声すら聞こえてきます。まるで、先人たちがあらゆる外国語の文献を日本語に訳してくれたおかげで、日本では外国語なしで学ぶことができ、日本人としてのアイデンティティーが保たれてきたことが悪いみたいです。絶えず外国の評価や評判を気にする辺境意識が強いのが日本人の特性なのかもしれませんが、とにかく世界を見渡せば、グローバルスタンダードはすでに陰りを見せ、教育のモデルになる国も、圧倒的に魅力的な国も、今や見当たらなくなりました。私たち日本人は、これからは何を恐れてどこを追いかけていかなければならないというのでしょうか。

現在、国はこれからの時代の教育の在り方について、自立した人間として多様な他者と協働しながら創造的に生きていくために必要な資質と能力の育成を掲げていますが、そろそろこの辺で、毎回の国際比較テストの結果で一喜一憂して国民を追い立てるようなキャッチアップ型の日本の教育の在り方そのものを振り返ってみたらどうでしょう。

これからの世界が、少品種、大量生産の時代から多品種、少量生産の時代に移行しているように、人材の育成においても、個性的でクリエイティブな能力の高い人材の育成をめぐり競合する時代を迎えようとしているわけですから、もう一つの教育の柱である人格の完成（形成？）を目指す教育、個性を磨いて自立心を養い創造性の育成にあたる教育、日本人の付加能力を育てる教育にも、本気で取り組む必要があるでしょう。

これからの日本人が創造的なプレーヤーとして、価値創造者として、世界の前線で活躍できるようになるためにも、起業教育のような新しい価値を創り出す教育、個人の能力を開発する教育へも投資する時代が来ていると思いますが、どうでしょう。

これまで日本が得意としてきた点数で表される情報処理能力の学力は、今やアジアの国々に追い上げられ、日本の優位性が年々なくなりつつあります。しかし創造性の育成となると、そう簡単に追いつかれる能力ではありません。創造性は、左脳の論理中心の学力のようなマニュアル化されやすい能力ではありません。創造性は右脳の感性に関わりの深い分野の能力であり、その育成は国の自由度や国民の民度、社会全体の成熟度やモラルなどの総合力に支えられていると考えられるからです。

そのため創造性は、中国や韓国などが得意とする詰め込み型の教育では、そう簡単に追いつける力ではありません。日本はこれまで長い歴史の中で独自の文明を有し、しかも質の高い大衆文化を育ててきた国です。創造性の育成は、日本人にとって極めて得意な分野であろうと思います。

すでに、庶民が創り出した日本文化がクールジャパンとして、あるいは、日本発のポップス文化が世界中で日本ブームを巻き起こしていることを考えると、国民の創造性に関する潜在能力は高いといえるでしょう。

これから、国を挙げて国民の起業精神や創造性の育成に力を入れるようになれば、個人の新たな能力や、新たな需要が掘り起こされるだけでなく、日本社会の新たな魅力が発信されるようになるなど、国の競争力そのものを飛躍的に高めることにもなるでしょう。

起業精神にあふれる国民が育つ時が、日本繁栄の物語が再び始まる時であり、創造立国日本の創出につながる時だろうと思います。

学校教育の中で、起業教育が普通に体験できるようになる時がくることを期待したいと思います。

二　創造性が社会の成長の原動力となる

ところで、ＡＩとロボットの時代の到来と言われるように、テクノロジーの進化はあらゆる領域で、私たちの身体や頭脳の限界を乗り越えて、拡張を続けて影響力を広げています。そして、私たちの働き方や生き方や学び方、そして感性に至るまでも大きな影響を及ぼそうとしています。

特に高度情報社会を迎えて、個人でも世界から大量の情報を集めて、一人で学習を続けることが可能になってきました。ＡＩとディープラーニング技術を搭載した端末を使えば個別教育も学習も可能であり、さらに今では、自ら情報発信して一人で仕事をすることもできる状況が生まれてきたといえます。今後、ますます個人の力量が大きな役割を果たす時代になるといえそうです。

デフレ経済下で、多くの企業が研究開発への先行投資なしに企業活動を続けていくことが難しくなってきているように、創造性が社会の成長の原動力であることを考えれば、学校教育においても戦略的な思考の中で、創造性豊かな人材の育成を目指さなければならない時代が来ているといえるでしょう。

これまで、学校教育の中で創造性を育成することは難しいと考えられてきましたが、起業教育がその常識を超えて、学校教育の中でも創造性の育成が可能であることを明らかにしてきたことの意義は大きいといえるでしょう。さらに日本発の起業教育は、利益本位のグローバル企業をモデルにしたものではなく、強欲に偏らない節度ある日本の伝統的な企業経営をモデルに、働く人と郷土を幸せにしてくれる起業教育として開発されてきたものです。

そして数々の取り組みを通して、子どもだけでなく、参加する地域住民の創造性をも同時に解放して育てることができることも証明してきました。地域創生時代に役に立つ先進的な取り組みとして、改めて学校と地域社会協働の、起業教育の展開を考えてほしいと思います。

三　ＡＩ社会も怖くはない？

平成十三年に起業教育がスタートして以来、技術革新にともない、社会の変化がさらに大きくなる時代、激変する時代が来るだろうと予想をしてきました。しかし、今日の第四次産業革命と呼ばれるようなＡＩとロボット革命の時代に出会うとは、当初はまったく予想できませんでした。しかし時代の変化が進むにつれ、今では誰もが自己学習能力（自己教育力）を頼りに生きていかなければならない時代が来ていることを知るようになってきたといえるでしょう。

ＡＩの進化は、人間社会に危機をもたらす心配事になるだろうと危惧する声と、反対にＡＩとロボットが単純な作業から私たちを解放してくれるだろうと期待する声の二つがありますが、どちらにしても私たち一人ひとりが、昔ながらの受け身の教育で満足している限り、人生のリスクがますます高くなっていくことは間違いないでしょう。

コンピュータの進化は人間の情報処理能力をすでに追い越しており、ＡＩの可能性は限りないように見えますが、しかしＡＩ開発の現段階は、人間の創造性にはまだまだ遠く及ばないように見えます。将来はともかく、創造性はこれからも私たち人間に残された貴重な能力として、財産として、ますます大切になっていくと思われます。とにかくＡＩの進化をいたずらに恐れるのでなく、むしろ私たちの創造性をサポートして実現してくれる道具として、あるいは有力な資材として役立てていくことが大切になってきます。ＡＩ時代の本格的な到来は、起業教育をますます必要とするようになるでしょう。

四　起業精神にあふれた社会が広がる

今後、小・中・高校の各段階において起業教育を体験することが当たり前になるなら、世の中は大きく変わっていくでしょう。

起業教育の普及は子どもだけでなく、教師や親や地域住民の意識も変えていくはずです。やがて、起業精神が養われるとともに前向きなマインドが広がり、日本の社会全体に進取の気風があふれ、新たな起業文化が次々と生まれてくる風土も育っていくことになるでしょう。

①例えば、子どもたちが起業教育に取り組むということは、子ども自身が自分の力を頼

りに課題解決を図る、新しい価値を生み出すプロジェクト等に挑戦することを意味します。その結果、得られるものは大きいでしょう。とにかく、子どもたちの意識がどんどん前向きに変わり始めますから、依頼心がなくなり自立心が育ちます。さらに、自らの夢や希望を実現するためには、自らに投資しなければならないことを自覚しますから、自ら情報を集めて努力すること、新たな価値を創造するためにアイディアを練ることが当たり前になるでしょう。

私の研究室を訪ねてきた帰国子女の一学生が、「アメリカの高校にいた際に、どの国の生徒も堂々と自説を披露するのに、私たち日本人は英語ができてもほとんど表現せず、自信なさそうな話しかできないのを見て悔しかった。それで日本の教育に欠陥があると思って、起業教育を勉強しに来た」と語っていました。確かに、国際会議の議長の役割の一つは日本人をしゃべらせることだ、という笑い話がありますが、試されているのは知識ではなく、日本人のチャレンジ精神そのものなのでしょう。また、小学生の起業教育の様子を見に来た大学生が、「本当にうらやましく思う。小学校の時から起業教育を体験していたら、私の悩みも変わっていただろうと思う。私は毎日就活に明け暮れている。しかし各企業にエントリーはできても、見えないところで振り分けられている。そして不採用の通知をもらうたびに落ち込んでしまう。今ではだんだん自分が小さくなり、自信そのものがなくなってきたように感じている。しかし今日、起業という選択肢があるのを知り、気持ちが変わった。自分はこれまで、コースを外れるのを恐れすぎて、周りを気にしすぎてきたのに気がついた。そして、人生はチャレンジの連続であることにも改めて気がついた」と話してくれました。また、二百人を超す大学生に起業教育を紹介した映像を見てもらい、感想文を書いてもらったところ、自分も小学校の時から体験してみたかったという内容がほとんどで、中には「自分がしたいと思っていたことに挑戦する勇気が、ビデオを見ていて湧いてきた。決心がついた」という嬉しい感想もありました。

私が知るゆとり世代の若者は、一般的に優秀であると思います。世間ではいつも知識偏重の視点で点数を比較して、今の若者の能力を低いと決めつけたがりますが、そんなに学力も低くはありません。また新聞を読まなくなったと言われますが、オールドメディアから離れて、ネットメディアを利用して情報を得るように変わっただけであり、自分の頭で考えています。それよりも彼らは普通に楽器をこなし、体で表現することができ、趣味もおしゃれのセンスも豊かで、圧倒的にスマートです。彼らの感性は、明らかに前の世代を超えているように見えます。

これまで若者は、大人になるということはどこかに雇用されて所属しなければ生きていけないと刷り込まれてきました。他の生き方を考えることを知らないままできたといえます。しかしゆとり世代の子どもたちは、相変わらずどこの学校や職場に所属するかという属性のみが幅をきかせる社会を、すでに息苦しく思っており、依頼心を再生産しようとする社会に未来はないように感じているのです。彼らの感性を活かすことができない社会にも問題があることに気づいてやる必要があるでしょう。

生涯学習社会の理念に「自立、創造、協働」を掲げるなら、自立心そのものを本気で育てて創造性を引き出し、協働を可能とする起業教育等を大胆に導入する時期が来ているのではないでしょうか。若者たちはそれを待っているのです。

②先生方もまた、起業教育の体験を通して新たな可能性に目覚めるでしょう。従来の主体性教育のほとんどが、授業の中で子どもたちに作業をさせて育てる、あくまでも教師主導の中で行われてきた教育でした。しかし起業教育の場合は、子どもたちが社会参加して自ら課題解決を図る学習を展開します。しかも最初から最後まで子どもが大きなラーニングで学び続け、その成果を第三者に評価してもらいます。その結果、子どもの主体性が圧倒的に育つのです。起業教育は、主体性や自立心を育てるのは子ども自身の責任であり、

それを育てることが可能であることを教師に教えてくれるのです。起業教育を試みる先生方の多くが、子どもの成長する姿に感動するのもそのためです。起業教育は、伝える、教え込む教育しか知らなかった教師に、引き出して育てる、挑戦させて創り出す、新しい価値を創造するといった、もう一つの攻めの教育があることをはっきりと自覚させてくれるでしょう。

とにかく、教師もまた起業教育を通して自身の教育観が変わり、教育の新たな可能性に目覚めるなど、自らのチャレンジ精神にも火がつく機会となるのです。

③親や地域社会は、起業教育の導入によってどのように変わるでしょうか。私は起業教育を受け入れる土壌は、どこにでも十分に整っていると思います。最初の起業教育を始めた平成十三年、仙台市立柳生小学校区七千世帯に、起業教育を始める通知を全戸回覧したところ、反対の声はまったくないばかりか、むしろ激励の声が寄せられました。また当時、「起業教育を我が子に体験させたいので、東京から転校させたい」との問い合わせすらありました。その後も学校を変えて五年間にわたり取り組みましたが、住民は極めて協力的でした。

近年、学校に対するクレームが増えるなど、地域の教育力の衰退が語られる現実がありますが、それでも日本の地域社会には、今でも暗黙のうちに次世代の子どもたちを大切に育てなければならないという心が脈々と生きていると思います。私の経験では、子ども向けの課外の学習講座アフタースクールの講師を集めた際に、地域社会に「謝礼は出せませんが、皆さんの志で子どもを育ててください」と呼びかけたところ、次の世代を育てるのに役立ちたいとの声が多数寄せられました。日本の社会には、子どもを大切にするという信仰にも近い心が生きており、しかも圧倒的であることを思い知らされたのでした。とにかく、学校と地域社会の一体感が深まっていくほどに、それまで増えていた怪しいクレーマーはまったくいなくなっていったのを思い出します。

地域社会は、起業教育の試みが学校から提案されれば、喜んで協力してくれるはずです。そのためにも、まずは学校が行動を起こさなければならないでしょう。

また、起業教育の影響力は大きく、地域社会を変えることもできます。

以前、仙台市立柳生小学校、仙台市立太白小学校の両校で起業教育を展開しましたが、その際に、両地域ともに起業教育に触発されて、地域づくりの活動が活発になりました。また、子どもと一緒に特産品を作る住民の活動、コミュニティ・ビジネスの動きも生まれています。そして住民の中から起業教育に学んで、「地域は運営しているだけではだめだ。

これからは経営の視点がなければ、地域社会も衰退するだけだ」という言葉が聞かれたのでした。

これまで地域は行政依存の意識が強く、住民自らが課題解決に当たることはありませんでした。それは共同体が衰退を続けてきた一因ともいえるでしょう。さらに、都市化が進み、個人主義やグローバリズムの考えが強くなると、従来の慣習も歴史も伝統も、古臭いものとして顧みられなくなります。そして住民の絆が弱くなるとともに、寂しいまちに変貌してきたのです。住民の多くは、これが時代の流れでありやむを得ないものと受け取っているようですが、反面、これでよいのだろうかという疑問を持っているのも確かです。つまり住民の心の中には、まちづくりへの願いが潜在しているといえるでしょう。

このような状況の中で、起業教育が地域の活性化などの声を上げて、地域社会を舞台に未来創造型の学習を展開してみせたことの意義は大きいといえるでしょう。起業教育のメッセージは住民の心にも届きますから、住民の地域づくりへの願いが顕在化してきます。そして、学校と地域協働の事業として展開することができるようになるのです。

とにかく、起業教育が地域の支援を得ながら、学校と地域の協働の事業として普通に展開されるようになる時、これまで行政任せにしてきた住民の意識も変わり始めるでしょう。

自立心と創造性は子どもだけでなく、学校から地域社会へと、大人社会にも広がりを見せていくのです。

起業教育は国民の起業精神を掘り起こし、新たな価値創造の文化の育成や、地域づくりなどにも役立つことが分かってもらえたでしょうか。

第五部　起業教育から生まれた新たな世界観

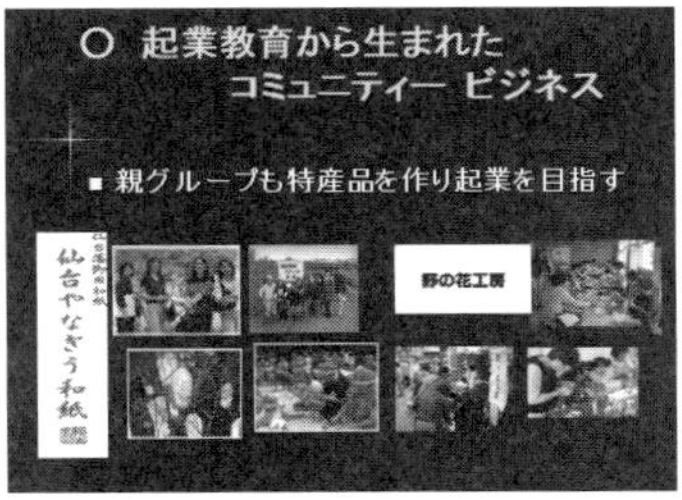

第九章　起業教育の哲学

多くの子どもにとって、学びとは学校教育のことであり、ひたすら授業に追いついていくことが学ぶことであると思い込んできました。そのため、自分で好きなことを学び、その喜びを知る子どもは少ないといえるでしょう。

ところで、子どもたちは起業教育が始まると、最初は普段の授業との違いに戸惑います。自ら情報を収集して判断し、決断しなければならないことを知るからです。「えっ！　自分で考え出さなければならないの？　自分にそんなことできるのかな」といった驚きを持ってスタートすることになります。しかし、始まってみれば何とかついていけますから、途中からは自信らしきものが生まれてきて、やがては自分で学び、自分で考えることの面白さに目覚めていくようです。その結果、たくさんの疑問やさまざまな意見が生まれ、子どもたちの自分で考えた言葉となって湧いてくるようになります。そして彼らのもう一つの学び、自分探しの学びも始まるようです。

そこでここからは、起業教育に取り組んできた子どもたちとの対話の中から見えてきた、新たな世界観、起業教育の哲学について紹介します。

一　世界観が自分の行動を決めている

例えば、青虫にとって葉っぱが世界のすべてであり、川魚にとって川の中が世界のすべてであるように、人間も含めてあらゆる生物種は、自らが生活しているテリトリー内を世界と見なして生きています。私たち人間も普段は意識していませんが、暗黙の裡に自分で了解している世界観の中で、未来に対する自己イメージを描きながら暮らしているのは変わりないのです。

当たり前のことですが、幼児は幼児なりに周囲を了解して、幼児なりの価値観の内で行動しています。大人もまた幼児とは違いますが、自分なりに言葉で了解した世界観を持って、現在の人生を決めています。そのため、今日の私の姿は、自分が抱く世界観の中で描いてきた自己イメージの結果であるといえるかもしれません。私は自分が考えてきた人になると言ったらよいでしょうか。

とにかく、人は考えたことのない生き方はできないように、自らの世界観にないものを目的にすることも、実現することもできないのです。

例えば、日本が起業率の低い社会であるということは、多くの日本人が起業家精神を必要とする世界観、価値観が希薄なためでしょう。また、総合的な学習がうまく機能しないのも、先生方の世界観の中に、課題解決を図る能力がぜひとも必要だとする世界観、価値観が根付いていないからなのでしょう。そのため、たとえ文部科学省の指示によるとしても、心底から納得できていないものは実現できないのです。

日本の学校教育は、素直で成績の良い子どもを育てることに成功してきましたが、自立心に富んだ個性豊かな子どもを育てることを苦手としてきました。それというのも、子どもの素直な依頼心を育てることを考えても、主体性や自立心を育てる必要性を感じないできたからでしょう。

今後、本気で主体的で自立心の強い個性的な子どもを育てようとするなら、彼らの依頼心の強い世界観を変えることができるような取り組みがなければなりません。自立心を育てるのにふさわしい世界観を養う機会を設けてやらなければならないのです。

人の意識は簡単に変わらないと言われる中で、起業教育から見てきたのは、起業教育の学びを通して子どもの世界観が変わり始めると、行動もまた変わり始めることでした。子どもは新しく芽生えた世界観の中で、新たな自己イメージを描くことができるようになるのです。

二　人間は生きるためのプログラムを創る動物

起業教育の中で、子どもたちとよくこのような話をすることがあります。

私は学校だけでなく、各地の少年少女発明クラブの子どもたちと地域の特産品を作る起業教育の授業を行ってきましたが、その際に一緒に考えてみる問題があります。それは、「人間とチンパンジーの大きな違いは何かな？」ということです。なにしろ、遺伝子情報が九十八％同じと言われるチンパンジーと人間の比較ですから、なかなか難しい問題です。読者の皆さんも考えてみてください。

とにかく、子どもたちは「人間は直立歩行する、道具を使う、言葉をしゃべる」など、いろいろな模範解答を並べ立ててみますが、自分たち自身でも納得できないようです。テレビで、タレントの言葉を理解したチンパンジーが一緒に買い物をしたり、踊ったり、仕事を手伝ったり、計算までする姿をしばしば見ていますから、なおのことでしょう。気のきいた子どもが最後に、「チンパンジーには毛が生えているが、人間には毛はない」と言って笑いを誘います。もちろん答えはいろいろあって、その場に生物学者がいたなら遺伝子情報の違いを、脳科学者なら脳の構造の違いを詳細に説明してくれる場面でしょう。どれも正解ですが、しかし、どれもあまり面白くない答えでもあります。

そこで私は、子どもたちにもっと深く考えてもらうために、「君たちは頭の柔らかい人たちだと思っていたけど、そうでもないようだね。目に見えるモノしか見えないのかな」と挑発してみます。そうすると、子どもたちはまたいろいろ考えて「文化かな、人間は文化があるかな」とか言い出しますが、この答えも納得いかないようです。私も頷かないのを見て、「何かヒントをください」と頼んできます。そこで次に、私は時間軸を意識させて「例えば、二百年前のチンパンジーと今のチンパンジーを比べてみたら、何か違いはあるだろうか。また、二百年前の日本人を今の日本人と比べてみると、何か違いはあるだろうか」とさらに問いかけてみます。すると間もなく声が上がり始めます。「チンパンジーは二百年前の姿と今の姿は変わらないけど、日本人の場合はまったく違うぞ。二百年もたった日本人の姿は、昔と何もかも変わってしまったよ」と。そして「昔の日本人は丁髷《ちょんまげ》を結って着物を着て刀まで差して歩いていたのに、今はどうだろう。姿形や生活様式、住居、交通の便や、使っている道具や食べ物、言葉や顔に至るまで全部変わってしまった」と話が続きます。そこで再び「チンパンジーは変わらないのに、人間の場合はまったく変わってしまったのはなぜだろうか」と問いかけてみます。ここで考えてもらうことが大切なのです。言葉にならない沈黙が続くのを見て、「動物は与えられた本能に依存して生きていくことができる。ただし人間は、本能に依存するだけでは生きていけない。それ以上に、自分で創り出した人工的な生活様式、人間が創った生活のプログラムにも依存して生きているようだよ」と紹介すると、子どもたちは、「言葉も文字も社会も習慣もお金も、全部人間が創ったものだ。今や空を飛んだり、遠いところとTV電話もできたりするようになった。人間が工夫するから、科学的な進歩も生まれるのだ」と話が及びます。そこで初めて子どもたちも、チンパンジーと人間は決定的に違うことを納得し、理解してくれるわけです。人間の暮らしであるソフトの大部分は、人間が創った人工的なプログラムの世界であり、人は人工的な世界で生きていることを了解するようです。

さらに、「人間である君たちもまた、何かプログラムを創って生きているわけだね」と問うと、一斉に「そうだ」と返事が上がります。「だけど、みんな同じように暮らしているように見えるが、どうしてだろう。君たち一人ひとりは何か工夫して生きているのかな」と問うと、再び疑問が浮かぶようです。そして、「僕たちは大して工夫して暮らしていないかもしれない」といった声が出てきます。そして「親や学校が奨めるから、あるいはみんなが流行りの生き方をしたがるから、みんな生き方が似てくるんだ、多分。だとすると、私たちって普段は、誰かが創ったプログラムの中で生きていることになるのかな？」などと話が広がっていきます。さらに、「でも、私たちは似ているけれど、周りをよく見ると、一人ひとりの趣味も微妙に違うし、将来の仕事も生き方も結局違うから、やはり自分の生き方のプログラムを少しは自分で創っていると思うよ」などと考えが及ぶのでした。

子どもの思考力はすごいものがあります。大人はカルチュラルスタディーズのように、文化の中に抑圧を見るとか、我々は知らないうちに管理されているとか、この世のプログラムを面倒なことのように難しく説明するけれど、子どもたちはあっさりと、「しょせんこの世は先に生まれた人間が必要なプログラムを創り出した。そしてその中に自分も住んでいる。しかし、そのプログラムを必要なら作り変えることもできるし、自分にもその資格は十分にある」と考えることができるようです。

起業教育を通して子どもたちは、自分にも新しいプログラムを創ることができる資格があることを知ります。その結果、起業教育の中で、自分の力を頼りにアイディアを駆使して取り組むことの意義を理解するようです。これまでの自分の生き方を振り返るきっかけにもなるようで、子どもの感情が目覚めて生き生きとしてくるのが分かります。

起業教育の導入部で、人間は人工的なプログラムで生きていることを話題にしてみるのは、右脳が得意とする感情やアイディアなどを常に監視して支配している左脳を説得してやる必要があると考えるからです。そのために導入部で、自分もまた新たなプログラムを創り出して生きていく資質も素質も十分にあることを、自分の頭に納得させるための学習からスタートするのです。子どもたちは最初に、自分たちの潜在能力について気づくところから学びを始めるといえます。

三　固定観念に気がつく

ところで私たちは生まれ落ちてからずっと、先人から引き継いできたプログラム、文化や価値観の中で育ってきました。学校教育もまたそれを補強してきたといえます。創られた社会がこれからも安定して変わらず、私たちも穏やかに暮らしていけるなら、それでもかまわないのかもしれません。しかし、困ったことに技術革新により情報化や国際化が一段と進むにつれて、社会は激しく変化するようになりました。それとともに旧来の生き方モデル（プログラム）も揺らぐようになってきたといえます。まさに学校教育が掲げる「生きる力」が試される事態、生涯学習でいうところの新たな「自立と共生」が求められる社会の到来です。そのため、これからはそれらの事態に対応して、私たちも、国にお任せしているのでなく一人ひとりが自己の才覚で、自己責任で決断して生きていくことが必要になってきました。

ただし、人間の意識はそう簡単に変われません。なにしろ私たちの頭には、さまざまに刷り込まれてきた過去の知識や規範意識などが常に生きています。そして行政に対する信頼感だけでなく、依存意識も強いものがあります。このような過去の情報が先入観や固定観念となって、私たちが自由に思考し行動することを拘束しているのです。

起業教育は、この先入観や固定観念となっている思い込み（過去のプログラム）の克服を強く意識しています。なぜなら、子どもたちが依頼心から脱して、心を解放して自由に考えて行動できるようになるためには乗り越えなければならない、避けられない問題だからです。

起業教育が例外なく個人のアイディアを試すのも、アイディアを練る過程が、自分の中にある先入観や思い込みを対象化して乗り越え、克服する機会でもあるからです。子どもたちはアイディアを考える中で行き詰まると「頭が固い」と自らを表現するようになりますが、それは自由な思考を邪魔している自らの固定観念を強く意識し、対象化しているからなのです。

四　依頼心とは他人のプログラムで生きていくこと

以前、子どもたちは身の回りの環境や世の中は変えようのないものだと思い込んで生きてきました。しかし、起業教育等を通して、人類は生きるために必要なプログラムやさまざまなモノを創り出して生きてきたこと。そして自分にも新しいプログラム、モノを創り出す資格があり、実際に創り出すことができることを知りました。しかし同時に、新しいモノを生み出すことがいかに難しいのかにも気づきます。そして、自分の中に新しいモノを生み出すためには、乗り越えなければならない壁があることを強く意識するようになるのです。子どもたちの自分探しが始まり、自立に目覚めるとともに、子どもの世界観も徐々に変わり始めるといえるでしょう。

起業教育が進むとともに、子どもたちは、何か新しいことを始めた人や、何かに挑戦した人の話に興味を持つようになります。最初は身近な人ですが、やがて歴史上の偉人であるガリレオやニュートンなどの科学者、発明王のエジソン、芸術家のダ・ビンチ、ピカソなどにも話が及びます。そして日本の科学者、起業家、芸術家、さらに各企業などにも関心が広がるようです。

とにかく、格闘の末に世の中の常識や限界を破って発明や発見をした人や、新しい会社や事業を興した人から勇気をもらい、教訓を得ることができるようになるのでしょう。

子どもたちが夢を追うことの厳しさを知り、乗り越えなければならない壁を強く意識するようになるということは、依頼心の強かった世界観から徐々に脱していく過程、自分なりの考えが生まれて成長していく過程であり、自らの将来に投企（投資）することを覚えていく過程といえるでしょう。実存主義者の言葉を借りるなら、まさに「実存は本質に先立つ」ことを彼らなりに体現しているように見えます。

ある子どもが、「夢をあきらめて普通に生きていくのは、誰かが創った生き方を真似して生きていくことになるのかな、面白くなさそうだね」と笑って話してくれましたが、子どもの心にも、依存して生きていくことは誰かが創ったプログラムの内で生きていくことであることが強く意識されているといえます。依頼心、依存心、ぶら下がりの精神とは、他人の、あるいは社会の創られたプログラムに依存して生きていくことであり、自分探しとは、自らの生きるプログラムを新たに創り出そうとする過程のように見えます。

五　独立自尊に目覚める

起業教育の取り組みが進むにつれて子どもたちの価値観が変わり、新たな世界観や人生観が生まれ始めます。

以前の子どもたちは、成績によって進学先や就職先が決まること、さらに就職先によって後の人生が決まるのは当たり前であると漠然と思ってきました。しかし起業教育を通して知った世界は、仕事は自分で創り出すことができること。さらに、力さえあれば、自分の手で自らの人生を拓いて生きていくことができることでした。この学習体験の影響力は大きく、子どもの心を大きく成長させることになります。

子どもがこれまで当然と思い込んできた進路やキャリアの途《みち》が相対化されて、進路にはもう一つの途が、新たな可能性があることが見えてくるようになるからです。子どもは、自分の人生は自らの手にゆだねられていることをはっきりと知るようになるのです。

ある生徒が「先生、私の進路は、これまでお付き合いで選んできたように思えてきました。実際は自分のことも世の中のことも、何にも知らないままに選ぼうとしてきた。ただ勉強すればよいと思ってきたのですね。今は、何か面白いことがないか、もっと自分もビッグな生き方ができないかなと考えるようになりました」と笑いながら話していましたが、これまで当然と思ってきた単線の生き方から、選択によってはさまざまな途があることが見えてくるのです。

新たな世界観に目覚めるとともに、自立心が育ちます。そして、子どもの人生観も変わり、新たな夢も育ち始めるのです。

とにかく子どもたちは、人生はさまざまな可能性に満ちていること、新たな人生に踏み出すには勇気が必要なこと、失敗を恐れすぎていると先に進めないし、何も成功できないことなどを、考えて話し合うことができるようになります。

子どもの意識が前向きに変化していくにつれて、自立心とともにプライドが育ちます。

そして、自助努力の必要性や独立自尊の考えにも目覚めていくのです。

六　課題解決意識の強さが創造性を育てる

これまで創造性は、簡単に育てることのできない能力であるかのように扱われてきました。そのため、教育基本法の中に教育の目的として創造性の育成を掲げていながらも、敬して遠ざけるかのように、学校教育の中で創造性の育成について正面から取り上げられることはありませんでした。

そのような状況下で、起業教育から見えてきたのは、これまで詳しく報告してきたように、起業教育は価値創造のトレーニングとして役に立つ学習モデルであること。そして、学校教育の中でも創造性の育成は可能であるということでした。

起業教育を通して気がつかされた、創造性の育成のために大切と思われる視点を挙げておきましょう。その一つは、課題解決を図る意識の中で創造性が養われることです。考えてみれば当たり前の話ですが、変化の乏しい、昔ながらの生活習慣の強い地域では、イノベーションや価値の創造が起きることはないでしょう。同様に個人の場合も、受け身で依存心が強く変化を望まない人に、創造性が育つことはないでしょう。では、どんな条件がそろえば創造性が養われるのでしょうか。

起業教育のビジネスモデルから、創造性はどのようにして養われていくのかが見えてきます。

例えば、子どもたちが地域の特産品の開発に取り組む場合です。課題は明確で、地域の特徴を織り込んだ新しい商品、よりオリジナルに近いモノを、自分たちの力で生み出してみる勉強になります。これまでの勉強とはまったく質の違う新しい勉強ですから、子どもたちの心構えが変わります。そして、頭脳をフル回転させて考えて、自ら総合力を発揮して取り組みを始めるようになります。

そして自分の知識や情報が足りないのに気づくと、自分から新たな情報を求めてネットだけでなく、図書館に、関係者の話を聞きに、さらには市場の調査にと出かけるようになります。その際に、子ども会社の多くが自分の名刺を用意しています。その理由を尋ねると、「自分がどんなことを勉強しに来ているかを相手に理解してもらうために作りました。また大人の人は、出された名刺を見て初めて私たちを信用してくれるようになり、丁寧に説明をしてくれるようになりますから必要なのです」とのことでした。情報収集能力だけでなく、社会に生きる知恵も自然と養われていくのが分かります。やがて後半になると、子どもたちは、オリジナルなアイディアを生み出して形にすることに総力を挙げるようになります。まさに起業教育の山場となる段階であり、創造性が試されている時間になります。この段階になると、どの子どもたちも、もはや単にモノを作ればよいとはまったく考えていません。自分はどんな面白いモノ、どんな独創的なモノを創ることができたか、はたしてみんなに受け入れてもらえるものに仕上がっているかに集中して取り組んでいるのです。子どもの課題解決を図ろうとする意識の強さが創造性を育てているのが分かります。

創造性が新しい価値を生み出す力であるとするなら、創造性を育てるための前提には、明確な課題と、それを乗り越えようとする強い意志、課題意識が欠かせないといえるでしょう。世の中のイノベーターたちは、いずれも強烈な課題解決の意志を持っている人であることを見ても、頷けるかと思います。

起業教育を通して学んだ新しい価値を生み出す経験は、子どもの財産となって、後々も役に立っていくことと思います。

もう一つ、創造性は先天的な資質、天分なのかという問題についてです。

普段、私たちは成功した芸術家や発明家などを見て、彼らは生まれつき創造性豊かな人であり、私たち凡人には及ばない人であると思って暮らしています。しかし彼らもまた、最初から創造性豊かな人物だったわけではありません。彼らの努力や試みが評価されるようになり、社会に受け入れられてから認められたのです。ですから、また評価が変われば、彼らもまた忘れ去られることもある存在であるといえます。つまり、多くの人に価値がある人と見なされている限り、創造性豊かな人なのです。決して創造性豊かな人が先にいて、創造的な作品や製品が生まれ、知的生産などが行われてきたわけではないことを考えると、創造性をあまり特別な能力として神格化する必要はないといえるでしょう。創造性は天分であり、生まれつきの特別な能力であるとはいえないからです。つまり、創造性は何やら高貴な先験的な価値や能力ではなく、今までにない新しい価値あるものを創り出したと世間が認めた時から、初めて生まれた力ともいえるでしょう。

また、起業教育を同じ条件で学んでも個人差があるのは確かで、個性が強く遊び心の生きている子どもほど創造的と見なされ、反対に、真面目で依頼心の強い子どもほど創造性が乏しいと見なされがちです。しかしこの違いも先天的な違いではなく、家庭や教育環境の違いから、または子どもの抱いている世界観の違いからくるものが多いでしょう。やはり、創造性は天分ではないようです。そこで起業教育は、創造性を本来誰もが持っている資質であると考えて、その開発に取り組んでいるのです。

七　自己経営能力を高めよう

自己経営能力という言葉は、起業教育から生まれた言葉です。人間はいつも、人生をよりよく生きていくために、自らを絶えずコントロールしながら生きてきました。その際に役立ってきた力、自らの人生を経営してきた力を自己経営能力として使っています。決して何かの小さな目標を実現するために自己経営を図る、あるいは自己実現を図るという狭い意味で使っているのではありません。

ところで、あらゆる生命は生きのびること自体を目的に生きていて、そのために子孫をつないでいこうとしているように見えますが、人間の生き方も基本的には変わらないといえるでしょう。

とにかく普段は意識していなくても、私たちは幼い頃から年寄りの時期に至るまでの一生の間、いつも幸せであろう、もっと幸せになりたい、よりよく生きていきたいと願いながら生きてきました。人間は生きること自体を目的に生きてきたといえるでしょう。そこで、私たちが生きていく際に機能している、自分をよりよくコントロールしていく力を、人生をマネージメントしていく能力ととらえて、自己経営能力と語っているのです。起業教育は、「生きる力」をより積極的に生きていく力、自己経営能力ととらえているといえます。

ところで話が変わりますが、変化の激しい時代を迎えて、これまで社会が育ててきた既成の生き方モデルが通用しなくなってきたように見えます。そして、これから私たちは不断の努力と自己責任で、自らリスクを取って生きていくことが余儀なくされていくのでしょう。

経済変動の激しい時代を、各企業が研究開発費を増やすなど先行投資をしてその経営能力を高めて乗り越えていくように、個人もまた、時代に翻弄されることなく自らの夢を実現していくために、自らに投資して新たな付加能力を育て、自らの自己経営能力を高めていかなければならないのでしょう。これからは、一人ひとりの自己経営能力が試される時代になりそうです。

八　ライフキャリアの視点で考える

これまで学校教育では、子どもの将来を暗黙の裡に被雇用者の立場で、サラリーマンなどになることを前提に育ててきました。現在のキャリア教育のほとんどが、身近な職場体験や職業紹介の範囲内の授業であり、長い人生そのものを考えさせるようなキャリア教育にお目にかかることが少ないのもそのためでしょう。

とにかく個人が雇われる人生を歩むためには、雇用する側が求める学力と経歴を用意しなければなりません。場合によっては考え方も合わせなければなりませんし、個性でさえ相手の気に入るようなものである必要があります。ですから、子どもたちが成長するにつれて大人しくなり、主張することも少なくなるのは当然なのかもしれません。

ところで、社会は大きく変化してきました。国際化や情報社会の進展とともに、求める人材も能力も、就業形態すらも大きく変わってきています。さらに今ある職種のかなりの部分が自動化されてなくなり、やがて普通の大人も転職が当たり前になる社会が来ると予想されるようになってきました。これまでのような、雇用される社会が前提の教育モデルだけでは、十分に対応できない事態が広がってきたのです。

また一方では、情報テクノロジーのいっそうの進化は、あらゆる場所において個別学習を可能にするなど学び方そのものを変えるだけでなく、仕事の内容や働き方まで変え始めており、個人の起業の機会をも広めつつあるように見えます。いよいよ一人ひとりの個性が活かされる時代、自己経営能力が試される時代がやってきたといえるでしょう。

そこで起業教育から提案したいのは、これまでのように雇用社会を前提にした狭い職業観で指導するのではなく、これからは、仕事とは雇用されることがすべてではなく、自営業者や起業家のように、チャンスを求めて仕事を自らつくることも当たり前になる時代であることを受け入れて、指導していかなければならないということです。

現在の職業指導と変わらないようなキャリア教育から脱して、生涯学習時代を見据えた一生涯にわたるライフキャリアの視点に立つ教育に体質改善していく必要があるでしょう。自らの人生をライフキャリアの視点でとらえさせて、自分はどこに住み、どんな人たちと暮らし、どんな生活をしたいのかという長い人生の生活設計を考えさせるということは、一人ひとりの自己経営能力をさらに高めていくことにつながると思われます。

九　インフォーマル教育（学習）の時代が来ている

子どもたちは起業教育から、自らの力で人生を切り拓いていく道があること、さらに学校の勉強だけでなく、普段から自分を育てるための勉強が大切であることを学びます。そのため自立心が芽生え、自分を育てるのは自分しかないという自覚が生まれてくるようです。それは、他律的な勉強しか考えてこなかった世界から解放され、それまで閉じ込められてきた好奇心や学ぶ喜びがよみがえることでもあります。そして、子どもたちは興味関心のあることに、進んで取り組むようになるのです。それはインフォーマル教育（学習）のスタートにつながります。ここでいうインフォーマルとは、学習塾や学校や大学のカリキュラムを離れ、自らの興味関心や必要で選択して学ぶ学習を指しています。

とにかく現在、すでに多くの子どもの興味関心は、スポーツや芸術系に留まらず、多様な方面のインフォーマル教育（学習）として広がりつつあるように、自分を育てる学び、もう一つの学びに目覚めた子どもたちが活躍する時代を迎えようとしています。起業教育はこれらの流れをさらに加速させてくれることでしょう。

例えば、私が関わる少年少女発明クラブには、科学に対する関心の強い子どもが多数集まっており、教科書で習う以上の専門的な知識を身に付けているだけでなく、実際に発明や特許の取得にチャレンジする子どもも現れています。まさにインフォーマル教育（学習）の可能性は大きいといえるでしょう。彼らと接していると、すべてを学校教育の中で育てようとしてきた学校中心主義の限界と、若い時から生涯学習社会に必要な学ぶ意欲や喜びを育てる、新たな学習の機会の必要に気づかされます。起業教育の体験はインフォーマル教育（学習）の可能性をさらに押し広げることでしょう。

実際、好きこそものの上手なれと言われるように、各地で、趣味や課外の学習で才能を発揮している子どもたちの姿が数多く見られるようになってきたのは嬉しいことです。しかしまだまだ、周囲の理解や環境に恵まれた一部の子どもたちが参加しているに過ぎないとも思われます。

これからは、学校教育を補完する補習塾や、子どもを保護し預かる立場の教育とは一線を画した、学ぶ喜びに目覚めた子どもを対象にした多様なインフォーマル教育（学習）の機会を用意してやる必要があるだろうと思います。私たちはすでに、地域の人材等を活用した子ども向けの生涯学習機関「アフタースクール」を創設して多くのプログラムを展開し、多様な才能を引き出すことが可能であることを確かめてきましたが、地域社会総がかりでインフォーマル教育（学習）の機会の提供を考えてみたらどうでしょう。インフォーマル教育（学習）の普及は、子どもの学ぶ喜びや自立を助け、創造性豊かな人材として育てるのに役立つだけでなく、社会全体に潜在する高度な教育力、学習力を引き出して育て、新たな起業文化や産業を育て、生涯学習社会を創出するのにも役立つと思うからです。

十　自己カリキュラムの作成能力が必要

インターネット社会の進化とともに、高度情報社会はさらに拡大を続けています。そして今では、個人でも大量の情報を獲得して学び、世界中の人々とつながることを可能にするようになりました。まさに生涯学習社会の環境が整い始めてきたといえます。本格的な生涯学習時代の到来を迎えて、これからは学校教育においても、一人ひとりの自己教育力を育成することが、ますます大切になっていくでしょう。

ところで、自己教育（自己学習）の習慣が身に付き定着していくためには、自分で学習計画を立てて取り組んでいくことのできる力も欠かせません。自己教育力の育成と同時に、一人ひとりが自らの学習計画を組み立てていく力、自己カリキュラムの作成能力も必要になるでしょう。

起業教育の中で、しばしば子どもに自分の将来像を具体的にイメージさせ、見えてきた目標を描かせてみることがあります。それは、自己教育が定着するためには具体的な目標となるものが必要であること、さらに目標を実現するためには自分で学習計画を作成する能力も必要であることを伝えるためでもあります。まさに、自己カリキュラムの作成能力も必要な時代が見えてきたようです。自己経営を図り生きていくためには、自己教育力とライフキャリア、そして自己カリキュラム作成能力が欠かせないといえるでしょう。

十一　協働で地域アントレを育てよう

衰退する一方の地域社会に対して、これまで学校が傍観者的な立場できたことは誤りであったと思います。地域社会を衰退するのに任せていたら、家庭や地域の教育力も失われて子どもたちも住民も孤立していきます。やがては地域社会そのものを捨てざるを得なくなるからです。これでは健全な教育ができません。子育ては、学校と家庭と地域社会が一体で行われなければ効果が上がらないからです。子育てには健全な家庭と、元気な地域社会の支えが欠かせないのです。

全国的に地域社会の衰退が進む中で、当然のことながら学校もまた、家庭教育や地域づくりに協力していかなければならない時代が来ていると思います。

起業教育はあくまでも個人の起業精神を育てる学びですが、これまで地域社会の課題を積極的にテーマに取り上げて学んできたように、地域社会を元気にすることのできる学びでもあります。

今後、起業教育が、学校と地域社会との協働事業として普通に行われるようになるなら、地域の中に地域社会全体の活性化へと結び付く住民の活動が生まれてくるでしょう。さらには、新たな起業文化の土壌が育っていくのではないかと思います。

今や時代の流れが変わり、年々インバウンドの流れが大きくなろうとしています。再び地域が見直され、地方の伝統や土地柄の魅力が改めて見直されるようになってきました。全国どこに行っても似たり寄ったりの都市景観が必ずしも魅力的ではないことに気づいてきたといえるでしょう。そして今後は、ネットインフラの高度化とともに、ますます地域の情報を世界に発信できるようになるだけでなく、地方の面白いアイディアにも投資が集まる時代になると予想されるようになってきました。これからは、地域の衰退が止まるだけでなく、地方発の新たな地域創生の事業やコミュニティ・ビジネスが次々に生まれることも、当たり前になるのかもしれません。子ども発の起業教育からも新たな協働事業が始まり、さらに地域アントレが生まれてくることを期待したいと思います。

終わりに

未来はすでに始まっているのかもしれません。子どもたちはすでに学校教育の範囲にとどまらず、スポーツ、音楽をはじめさまざまな得意分野で自ら学び活躍することが多くなってきました。さらにその流れは芸術、スポーツにとどまらず多方面な領域にまで広がりを見せようとしています。

学校教育の現場からのみ見ていると、学校教育の評価が子どもの能力のすべてであるかのように考えてしまいますが、それは一面的な誤った見方だったのでしょう。実際の子どもたちは、さまざまな方面に興味関心を持ち、それが許されるなら多様な能力を発揮することができる人たちであるからです。

そしてこれまで、知識偏重だった学校教育が、いつの間にか子どもたちのいらぬ劣等感を育てるばかりで、彼らの隠れた能力や好奇心や創造性をもスポイルしてきたとするなら、子どもにとって辛い話でありました。また国にとっても人材育成の面からも、もったいないことであったと思います。

学校教育中心主義の枠を外して見直せば、今やたくさんの子どもたちが生き生きとして自らの能力を育てる学びに参加して活躍するようになってきたのは間違いないことです。AIやロボット導入の本格的な時代を迎えて、これまでのように学校教育の評価だけで後の人生を支配し続けるような制度や仕組みそのものを本気で改めなければならない時期がきているといえるでしょう。

そろそろ教育界は、フォーマルな教育だけでなく、インフォーマル教育（学習）の可能性の大きさにも気づくべき時期が来ているのではないでしょうか。次世代は学校だけで、先生方の評価だけで育てられる時代ではすでになく、社会に育ててもらう視点がさらに大切になってきているからです。

これからは、学校教育の中で起業教育等の導入が普通に行われるようになるためにも、また、子どもたちの多様な能力の育成と開花を図るためにも、学校と社会の間にある垣根をさらに一段と低くして、地域住民だけでなく、さまざまな能力を持つ外部支援者を受け入れて、次世代の支援にあたることが必要でしょう。さらに、子どもたちの自己教育力を伸ばしてやりたいと考えるなら、課外にもさまざまな能力の育成が可能となる学習の機会、アフタースクール等のインフォーマル教育（学習）の機会をさらに設けてやる必要があるだろうと思います。

ところで社会は、科学技術の分野から末端のサービス産業等の分野にいたるまで、各市場における競争は一段と激しさを増してきているようです。私たちの周りでも、長年にわたり続いてきた仕事が淘汰されてなくなり、なじみの店も少なくなってきました。情報社会は流行が長続きしない社会をもたらしてもいるのでしょう。良いものが紹介された途端に、すぐに新たな競争相手が現れて、短期間のうちに乗り越えられていく社会を当たり前にしているように見えます。とにかく社会の変わりゆく姿は、さらに激烈になってきたといった感じです。

とにかく、時代の変化とともに、新しいコンセプトやアイディアが次々と求められる時代がハッキリと見えてきたようです。そして、それは同時に私たち一人ひとりの起業精神や創造性が、様々な場面で試されていく時代がすでに始まっていることを示していると言えるでしょう。

人生百年の時代を迎えて、これから誰もが長期にわたる人生を、自らの力でたくましく乗り切り、生きていかなければなりません。しかも世界はすでに高度な情報社会でもあることを考えれば、教育の改革だけでなく、日本の生涯学習もまた変わっていかなければならないでしょう。これまでのような趣味の教室や学校教育を補完するための学習、何やら行政の下請けのような修復型の学習等で満足するのではなく、さらに進んで変化の激しい時代に見合った、知の創造や価値の創造が社会からも生まれるような生涯学習の機会、個人の付加能力の開発ができるようなさまざまな学習の機会を生み出して欲しいと思います。

改めて、現在行われているささやかな大学開放やリカレント教育、社会教育施設で行われている講座程度で満足するのではなく、国もまた、価値創造立国にふさわしい国民と文化を育てるため、さらに高度な学習を求めるニーズにも応えて、本格的な生涯学習の機会となる市民大学の創設等をも考えてみたらどうでしょう。

世界的に評価されるようになった日本のポップス文化やクールジャパンの文化は、いずれも学校教育に依存せず、個々人の興味関心から生まれて独自に育ってきた大衆文化の一部である事を考えれば、国民の潜在能力は高いはずです。学校教育だけでなく生涯学習が社会のパワーアップにつながる、創造立国日本のもう一つの原動力となることも可能だろうと思います。

最後に、学校教育と生涯学習ともに、これまでの守りに偏ったキャッチアップ型の教育・学習観から脱して、これからは新しいことを始める力を育てる、チャレンジ型の攻めの立場の教育・生涯学習観へとパラダイム的な転換を図り、創造性を尊び進取の気風に満ち溢れた日本を創っていってほしいと願います。

■参考資料

起業教育「東北モデル」及び地域連携型操業意識喚起事業　平成十九年東北経済産業局
平成二十六年度　文部科学省白書　文部科学省
教育×破壊的イノベーション　翔泳社　クレイトン・クリステンセン
教育の正体　KKベストセラーズ　日下公人
創造性とは何か　法政大学出版局　S・ベイリン
創造学のすすめ　講談社　畑村洋太郎
東大で教えた社会人学　文藝春秋　草間俊介　畑村洋太郎
創造力の育て方・鍛え方　講談社　江崎玲於奈
創造力の不思議　創元社　アルベルト・オリヴェリオ
発想のトリック　PHP研究所　樺旦純
すばらしい思考法　PHP研究所　マイケル・マハルコ
PLAY・JOB　サンクチュアリ出版　ポール・アーデン
ハイコンセプト　三笠書房　ダニエル・ピンク

参考資料

インサイドボックス　文藝春秋　ジェイコブ・ゴールデンバーグ、他
思考革命（上・下）　騎虎書房　エドワード・デボノ
見えるアイデア　毎日新聞社　秋草孝
クリエイティブ・クラスの世紀　ダイヤモンド社　リチャード・フロリダ
ひらめきスイッチ大全　サンクチュアリ出版　アスラン編集スタジオ
ダダ宣言　竹内書店新社　トリスタン・ツァラ
シュルレアリスム宣言　学芸書林　アンドレ・ブルトン
創発的破壊　ミシマ社　米倉誠一郎
自助論　三笠書房　S・スマイルズ　竹内均訳
芸術の草の根　岩波書店　ハーバード・リード
第五の権力　ダイヤモンド社　エリック・シュミット
意識はいつ生まれるのか　亜紀書房　マルチェッロ・マッスィミーニ、他
「考え方」の考え方　大和書房　指南役
芸術闘争論　幻冬舎　村上隆
才能を磨く　大和書房　ケン・ロビンソン

公教育の未来　ベネッセ　藤原和博

ヒトはどこまで進化するのか　亜紀書房　エドワード・O・ウィルソン

著者プロフィール

渡邊　忠彦（わたなべ　ただひこ）

昭和二十年生まれ。宮城教育大学卒。教員　社会教育主事
地域づくりの指導に当たり、タウン誌編集長、仙台市史編纂調査分析委員
宮城県小中学校教育研究会会長
平成十三年、仙台市立柳生小学校長時に国内最初の起業教育に取り組む
宮城県「みやぎらしい協働教育推進会議」委員
東北経済産業局　アントレプレナーシップ教育普及促進委員
公益社団法人発明協会　知的創造サイクル指導員、青少年創造性開発育成委員
起業教育ネットワーク東北代表
仙台市教育委員会委員
宮城教育大学教職大学院准教授
東北福祉大学兼任講師
ＯＥＣＤ「東北スクール」アドバイザリーボード
　　現在、東北学院大学非常勤講師

AI時代に挑む 日本の起業教育

2018年２月15日　初版第１刷発行

著　者　渡邊 忠彦
発行者　瓜谷 綱延
発行所　株式会社文芸社
〒160-0022　東京都新宿区新宿１－10－１
電話　03-5369-3060（代表）
03-5369-2299（販売）

印刷所　株式会社フクイン

ISBN978-4-286-19119-5